Inés Mariscal

Humor... en serio

MONÓLOGOS - ESCENAS BREVES -
STAND UP - OBRAS COMPLETAS

Mariscal, Inés
Humor en serio : monólogos, escenas breves, stand up, obras completas . - 1a ed. - Ciudad Autónoma de Buenos Aires : Serendipidad, 2015.
160 p.

ISBN 978-987-9332-93-1

1. Literatura Argentina.
CDD A860

Fecha de catalogación: 20/03/2015

Diseño de tapa e interior: Cecilia Campos
Correctora: Alejandra Bono Cánepa

En memoria de mis queridos padres:
Francisco y Catalina.

Oscar, por la amorosa vida compartida.
Jorge, por su hermandad inolvidable.

Dedico este libro:

A Mirta, por ser la luz de mi vida.

A Enrique y Eduardo, por el amor fraternal que nos une.

A mi familia, por su apoyo incondicional.

A mis amigos y a la vida misma.

Inés Mariscal

Humor... en serio

MONÓLOGOS - ESCENAS BREVES -

STAND UP - OBRAS COMPLETAS

Serendipidad

Índice

Palabras del Editor

Un mundo agitado por violencias de todo tipo y a la vez adormecido por banalidades consumistas tiende de manera natural a globalizar la indiferencia. Su mirada corta no encuentra lugares promisorios para generar y cultivar el humor en serio, capaz de renovar la acosada energía social. Hay entonces "malestar en la cultura". Ella se hace triste, vana, aburrida, previsible, cruel.

Sin embargo la gracia expresiva hecha denuncia, la provocación creativa que une talento, indignación y límite hacen del "basta ya", del "stiob", de la autoironía y del asombro una profunda comunicación.

Este discurso indispensable es esperado por el público con especial atención. Produce una escalada de carcajadas viscerales que se agradecen, que se festejan con dolor y, a la vez, con renovada esperanza.

Inés Mariscal ofrece en esta obra sus alegres años de seria investigación escénica, su dominio del universo inagotable, que transforman "las dos carátulas", y también sus "hallazgos valiosos imprevistos", que visitan la ajetreada mesa de su trabajo diario.

Por todo ello la editorial *Serendipidad* se enorgullece de publicar este libro, que sí muerde.

Enrique Mariscal

Prólogo

Es complicado para el prologuista evitar ser el verdadero artífice de la obra que presenta y abstraerse de giros y puntuaciones, que lo hagan hacedor de un estilo subconscientemente competitivo con el estilo y el contenido de lo que prologa.

Es un problema nato del creativo en todas sus disciplinas, sean las artes plásticas, la música, un libro de poesía, de cocina, de teatro.

Un problema humano que muchos niegan y pocos aceptan.

Cómo hacer, digo yo, para no diagramar frases, conceptos e ideas de lo mejor de nuestra cosecha, cuando el producto a exhibir reúne las cualidades de una obra como este libro de Inés Mariscal.

Me someto a juicio oral y continuo.

Suele ocurrir que algunos de los que tienen la responsabilidad de escribir letras para presentar una obra literaria no conocen profundamente al autor; quiero aclarar que en mi caso esto no es así. A Inés Mariscal la conocí allá por 1970 cuando era una joven actriz del prestigioso elenco de *Las dos carátulas* de la Radio Nacional, con sede en Ayacucho entre Melo y Las Heras, dirigida por María del Pilar Lebrón, Adalberto Cuomo, Juan Alberto Domínguez, Teobaldo Mari y Eugenia de Oro. Puedo nombrar algunos actores en su historial, como Alfredo Alcón, Guillermo Bredeston, Blanca Lagrotta, Fernando

Vegal, Luis Tasca, Alicia Berdaxagar, Violeta Antier y Carlos Estrada. La voz de Inés era una de las preferidas por aquellos reconocidos directores, así como su estilo escénico y su dominio de la lectura.

Recuerdo de ese tiempo cuando con gente linda del elenco nos reuníamos en un barcito llamado La Tenaza, ubicado justo frente a la emisora, en la esquina Sudeste de Ayacucho y Avenida Las Heras.

Nos contábamos anécdotas y diagramábamos ilusiones y fantasías en un inolvidable *collage* de amistad y camaradería, tan loca como bohemia.

Estuvimos unidos por lazos de amistad y artísticos, pero hoy no deja de sorprenderme la frescura y la profundidad con la que su pluma o su computadora manejan lo irónico de los, tan reales como disparatados, títeres de su creativa y sutil colmena humana.

Descubrimos, al escuchar o leer cada situación, cada escena, a Inés en toda la fragancia viva de quien nos ofrece su interior, desnuda sus más tiernas experiencias y nos llena de esa alegría que sólo los elegidos hacen posible comunicar.

Todo esto se une a un profundo dibujo que vertiginosamente nos traslada del humor y lo grotesco a la más profunda filosofía, donde descarna sociedad y cultura con magistral y casi inconsciente talento.

Inés es eso, un poema real que te regala una flor y te pide perdón por su aroma.

Su obra es eso, "...Porque no hay dos como él: un domesticado, perfectamente ponible donde a uno le interese. Puede ser florero, estuche, lavavajilla, tornillo, plancha o pantufla. Pero al mismo tiempo tiene un corazón alado; sueña con ser Superman, Batman, Mandraque...". "Hasta le enseñé a caminar como Gary Cooper en *La hora señalada*, abriendo las piernas para mostrar machismo". ("¡Y dicen que soy mala!"). "Casi me filetean unos extraños aparatejos de colores que retumban bocinas, vuelan... apenas unas luces verdes y rojas les señalan por dónde va la vida... ("¡Qué maravilla, señor!... ¡Qué maravilla!"; el Quijote y su psicoanalista).

Su obra es además una muestra de cómo un autor puede dar al texto la cierta y creíble visión personal del decorado o la escenografía, la música, los climas, que en la actualidad solemos dejar al libre albedrío de directores, productores y actores, sin ofrecerles la materia prima que representa el momento mismo de la inspiración y de la creatividad autoral.

En definitiva, sólo me corro de la escena, y dejo a Inés y a sus títeres para que con la lectura de sus monólogos y otros nutritivos y apetecibles temas alegren horas vacías, y acoplen, si tienen ganas, rica filosofía de su mágico *Humor en serio*.

Plácido Donato

Monólogos

¡Y dicen que soy mala!

Entra Doña Justa. *Tiene más de setenta años. Viste de negro, y su figura, de movimientos rígidos, da risa. Su carácter es de mando; su voz, dominante.*

¡Llegué! (*Se dirige al público.*) Ustedes me pidieron que viniese... ¡y aquí estoy! (*Segura.*) Para dar la cara, el pecho... ¡y lo que haya que dar!

A mí no me asusta el "qué dirán" ni los chismes de esta sociedad que se borra las lágrimas con pañuelos descartables. (*Define dando una cátedra ridícula.*) Llantos por no pensar... ¡Secos en una mínima sonada de nariz!

(*Irónica.*) Yo vengo de la época en la que se enseñaba con una sola palabra, y esa palabra..., (*Crece.*) esa palabra era… (*Pausa.*) ¡no! ¡Noo! (*Súbita transición; ríe elogiándose.*)

(*Toma aliento.*) (*Meditativa.*) ¡Y dicen que soy mala! Yoooo..., que supe educar a mi hijo Fermín en la más absoluta castidad. ¡Impoluto! (*Deletrea y marca la sílaba "po".*) ¡Im...PO...lu...to!

(*Reacciona. Se da cuenta de que está acelerada.*) Iré por partes, como el descuartizador.

Ustedes me han citado como jueces de mi historia, y estoy dispuesta a ofrecer mi experiencia; y eliminen el burlote en el cual estoy sometida. Porque dicen que soy mala.

¡Yoooooo, que nunca le di un caramelo a mi Fermín!, ¡para que no se le picaran los dientes!

(*Reflexiona.*) Quiero volcar un recuerdo tras otro. Les contaré todo, paso a paso, y así ustedes conocerán mi vida y la pureza de mis actos.

Nací en la época en que para tener una línea telefónica... ¡sí!, un teléfono, mi familia tuvo que esperar dieciocho años. Yo soy del tiempo en que a mi casa entraba un hombre... el de una barra de hielo. ¡Sí! ¡El hielero!, (*Se sincera.*) del que... dicho sea de paso... ¡me enamoré en mi más tierna juventud! (*Recordando.*) Luego llegó la heladera y se acabó todo ¿Adónde habrá ido a parar aquel amor? (*Suspira desinflándose.)* ¡Ahhhhhhhhhhh!

(*Cambia. Rememora.*) Después entró la televisión en casa y... ¡temblé con Ibáñez Menta y sus obras de terror!

(*Toma ritmo.*) Soy anterior a la toallita higiénica, al calmante femenino... ¡al papel higiénico!

Los veranos los aguantábamos con abanico y silla en la vereda.

No había gaseosas ni ajo disecado No existían los fuegos artificiales, y a los bebés se los cuidaba de maravilla. ¡Mis abuelas me enseñaron a vendarlos como matambre! ¡Salían derechitos como mástiles!

¡Bue!... No voy a seguir con este capítulo porque se va a hacer largo.

Les planteo, simplemente, que soy una mujer de ayer... que dura, que aguanta los cambios (*Se defiende.*), y si los aguanto es por la educación recibida, por los mandatos que llevo bien colocados en cada parte de mi cuerpo y mi cerebro, y que por ejemplo pude darle a mi Fermín, un hombre de hoy que llama la atención por ser como es... un... una... ¡una especie en extinción!

(*Explica orgullosa.*) Porque no hay dos como él: un domesticado perfectamente ponible donde a uno le interese. Puede ser florero, estuche, lavavajilla, tornillo, plancha o pantufla.

Pero al mismo tiempo tiene un corazón alado; sueña con ser Superman, Batman, Mandrake... En carnaval es el único fuera de comparsa que todavía se disfraza (*Enamorada de su hijo.*), y nada más ni nada menos que... de Caballero de la Luna, o se pone la pollerita escocesa ¡y toca la gaita todo el día!

¡Es perfecto! Lo hice a mi estilo; utilicé sólo monosílabos. ¡Sí! ¡No! (*Ríe triunfadora, como una maestra.*) ¿Hay términos más esenciales? Menos palabras y más acción le indiqué siempre... ¡Por eso es hiperactivo!

¡No para nunca! (*Transición cómica. Explica.*) Ahora está trabajando de silletero; sube y baja de las medianeras como un halcón. (*Concluye.*) Está contento porque en las alturas nadie le habla. ¡Qué categoría!

(*Recuerda el tema de su citación.*) ¡Y dicen que soy mala! (*Se dirige al público muy decidida.*) Opinen si quieren... ¿Es malo alguien que cuidó tanto a su marido como yo?

Yo..., que no dejé nuuuunnnnca que mi consorte Máximo trabajara, para que no saliera de casa y lo atrapara alguna de "esas" tragahombres.

Lo salvé de todo, no tuvo que tomar colectivos, ni trenes, ni subtes, ¡Jamás le di la llave de casa!

Estuvo protegido adentro del hogar, igual que el perro; ¡se hacían compañía! ¿Yo, mala? Si para que se entretuviera le he dejado que se ocupara de hacer la comida, limpiar los pisos, lavar la ropa, planchar, ¡y hasta le permitía prender la radio!

(*En víctima. Ridícula.*) Mientras que yo... llevaba a mi Fermín al colegio, al médico, a la calesita...

Recuerdo que iba a trabajar y, de buenaza que siempre fui, ponía en jaque a todos los empleados a mi cargo, sin descanso, para que se sintieran realizados. No les daba permiso ni para ir al baño, ni para tomar agua, porque he sido una fiel cumplidora de mi tarea. Y así terminé mi ciclo laboral, ¡con la frente alta y la jubilación mínima!

¡Y dicen que soy mala! ¿Por qué? Se los voy a decir..., por una sola razón. (*Hecha añicos.*) ¡Por envidia! ¡Porque he sido y sigo siendo una de las casi únicas personas del mundo capaces de dar miedo a cualquiera!

Un método eficaz que me sirvió de mucho. Soy de las que esperan el momento justo para hacerse respetar. ¡Yo sé dar el zarpazo!

(*Se destruye en su propio análisis.*) Ahora lo único que me preocupa es entender por qué Fermín tiene arrebatos suicidas. Lo llevé a un psicólogo de la obra social. (*Irónica.*) ¿Puedo yo confiar en el tratamiento de ese analista, que me exigió que me retirase para tratar a solas a mi único hijo?

(*Como una detective.*) Ahííí... me di cuenta de lo que el analista quería hacer. En definitiva, mi obra, pero... ¡al revés! Sacarle a mi Fermín mi guía, mis enseñanzas, mi maestría...

¡Y porque soy como soy!, ¡buenaza y derecha!, volví sobre mis talones, le encajé un puntapié a la puerta del consultorio, entré decidida... y le sacudí dos trompadas al psicoanalista éste que pretendía cambiar a mi muchacho. Seguro quería hacerlo otro hombre, un liberado de mamá. ¡Qué horror! ¡Qué falta de sensibilidad!

Les puedo asegurar que todo esto me ha dejado mal. Yo no nací para ver lo que veo. ¡Una sociedad dada vuelta! Me la paso tratando de corregir cosas espantosas. Hasta arranco de todos lados esas asquerosas propagandas de sexo fácil, y por eso se me acusa... ¡Qué falta de altruismo! ¡Claro, al que pone orden, siempre se lo acusa! ¡Y más si es mujer!

No tengo nada más para comentarles. Piensen de mí lo que quieran. ¡Estoy segura de que muchas sueñan ser como yo!

(*Define.*) Ahora, les confieso, al que me jode mucho, y sigue con esa manía de no entender mis razones... no tengo ningún problema, ¡lo bajo de un hondazo!

(*Conforme con su declaración.*) Yo ya di la cara ante ustedes. Ahora me voy porque me espera Fermín. Hoy no le di la mamadera de las cinco y ¡debe estar medio loco! (*Al público.*)

Disculpen..., me tengo que retirar, se me hizo demasiado tarde. (*Inicia mutis.*) Si me necesitan, no dejen de buscarme. Me ubicarán siempre en el pelotero. ¡A Fermín le encanta jugar con sus amiguitos! ¡Yo... todavía lo llevo! (*Conforme. Sarcástica.*) ¡Y dicen que soy mala! (*Ríe a su estilo exagerado.*) ¡Qué barbaridad!

(*Mutis final. Se retira, autoritaria, como entró al comienzo.*)

La Pepa 1

¿Cómo estáis? ¿Dispuestos a escuchar "aquello"?

La cosa fue así. Esa noche... yo estaba de juerga en Tenerife, en la España de mis amores. La luna andaba en los cielos, como bandeja pa emplatá comía, y yo amorá como de estreno. Me había vestío de oro, os lo juro. Dos peinetones en cada punta de mi cabeza, los pelos me caían hasta los pechos; me sentía una mujé entoná lista pa cualquier escándalo, cuando mi galán setentón tuvo que ir al baño de apuro... ¡Otra ve! (*Reflexiona*) Entre los dos más que ir de novios lo que hacemo es ir al baño. Bueno... él se fue a hacé lo suyo y yo me quedé esperándolo mirando la luna.

Entonces... la voz de unos panza sentaos en la mesa de la verea me hicieron escuchá esta conversación, que no se me olvida.

Un chato le preguntaba a otro:

—¿Has probao alguna ve el chuletón de cerdo?

—¿Que si yo he probao chupetón de cerdo?

— Chuletón, hombre, ¡Chulctón!

—Ah... tú dices... ¿si he comío chuletón de cerdo?

—Sí, eso te digo.

—Si has comío chuletón de cerdo.

— ¡Pues mía lo que pregunta!

— ¿Pero lo has comío o no lo has comío?

—¿Y qué importancia tiene si lo he comío o no lo he comío?

— Pues hombre, si lo has comío... lo has comío, y si no lo has comío... no lo as comío.

— Y tú, Manuel..., ¿lo has probao?

— ¿Qué cosa?

—¡El chuletón de cerdo, hombre!

—Pero... ¿cómo piensa tú que yo no he comío chuletón de cerdo?

— Pues yo puedo pensá lo que quiero. ¡Pero más que pensá, quiero sabé si lo has probao o no!

—Pues mira... si lo he comío o no lo he comío... me lo reservo, ¡que yo de mi vía hago lo que quiero y como lo que se me dá la gana!

—Pues si serás bruto... Yo no te digo que no hagas lo que quieras, sino que me interesa sabé quién de ustedes ha comío chuletón de cerdo en su existencia.

— ¡Ah! ¿Entonces lo que a ti te preocupa es saber si hemos comío o no hemos comío chuletón de cerdo?

—Pues sí, hombre ¿Cómo te has dao cuenta?

—¿Pues qué piensas tú de mí? ¿Que no me trabaja la entendera? ¡No es tan difícil tu pregunta! Es pa responder sí o no, y listo.

—Eso, eso hombre, me has madrugao con tu deducción.

Se nota que has aprendío a razoná. Entonces, ¡vale! ¿Vais a decirme si probaste el chuletón de cerdo?

—¡Pero, mira que se te ha ocurrío una preguntita!

—¡Hombre, ni que te hubiese preguntao sobre cibernética!

—¿Y eso también se come?

(*Control: brevísima ráfaga anterior.*)

La conversación llegó hasta ese punto cuando mi galán setentón volvió del baño, poniendo en regla el cierre relámpago del pantalón, que estaba destartalao como el dueño.

Y viene mi candidato y me pregunta:

—¿Ande quieres ir, guapa?

—Pues mira —le contesto—, yo... estoy muy interesá en escuchá una conversación científica.

—¿Sobre qué tema? Me consulta mi hombre.

—Pues... (le aclaro). Sobre el chuletón de cerdo.

—¡Ah! ¡Qué bueno! ¿Y tú has comío chuletón de cerdo? —me interroga mi enamorao, poniéndome cara de muerto de hambre y ajustándose el pantalón pá que no se le asomara ninguna reliquia, que a su edá —como a la mía— no estamos pá susto.

—¡Ayyyy, Pepa, Pepina de mi alma! —me dice loco de amó—. Anda, vamos de juerga.

—¿Pa donde? —le contesto entusiasmá, pa sabé si voy a usá la matraca en Carnaval, y él me aclara, ilusionao como nunca:

—Mira, conozco un lugar de "aquellos" donde vamo a encontrá lo te va a encantá.

¡Ayyyyy —me digo— ésta es mi noche!—, y le aclaro haciéndome la mimosa: ya no me interesa seguí escuchando la conferencia sobre el chuletón de cerdo.

—¡Ésta, ésta es mi Pepa! —me dice, mientras me zamarrea los cachetes de atrá.—¡Nos vamos a comé al bodegón de Juanito un chuletón de cerdo que nos reviente!

Aquella noche mi Paco me tomó de la cintura y me llevó volando, mientras la luna se reía sobre nosotros, y los hombres panza, sentaos en la vereda donde se sirven los tacos, seguían enredaos escondiendo minucias. ¡Como si en la vía sólo se necesitara sabé si uno ha comío o no ha comío alguna vez... chuletón de cerdo!

La Pepa 2

¿Cómo estáis? ¿Bien? ¡Me alegro! Yo... ¡de recórcholis! Más loca que un plumero. Me vais a entendé enseguía.

Soy toa una profesional. He estudiáo bastante. Estoy diplomá en lavarropa con especialidá en lavavajilla. Ahora estoy haciendo un doctorao en mezclas, tanto de lavandina como de detergente. Pa mí no hay secretos, ¡y desengraso too más rápido que un combo de artículos de limpieza!

Pero... ¿de qué te asombra? ¿Crees que estas cosas no se estudian? Pues anda, haz la limpieza tú, mete la lavandina pura ande te paezca, y te va a quedá la camisa de toos colores... y los pantalones de pintó. ¡Anda! ¡Haz la prueba! Y fíjate cómo te quedan las manos de tocá tanto detergente. Seguro que arruga y secas como limón sin jugo. ¡Po eso te digo que hay que estudiá y diplomarse por lo menos en lavarropas o lavavajillla! Yo ahora estoy haciendo un máster en limpieza e techos y enceraos de pisos. ¡El estudio me está dando confianza, y ya manejo la aspiradora sentá, pará o acostá! Y ni te cuento del plastificao... Los pisos los limpio a una velocidá de rayo.

¡Y bue! ¡Pa eso soy la Pepa! ¡Me manejo con los últimos adelantos de la técnica! Tengo too sincronizao con alarmas y too. Soy lo que se dice una adelantá en cibernética del puloy y el limpia vidrio.

Y claro está. Se anda hablando por toos laos de mi capacidad profesional, y me llaman de aquí y de allá. Voy por horas; lavo, plancho y cocino sentá en una silla de lo organizao que hago las cosas. Que de eso me han servío los estudios..., pá simplificá lo efuerzo.

Ahora que el que me hace más fama es mi enamorao, el Paco, y me consigue trabajo pa todas hora. Tengo el almanaque que revienta de compromiso laboreale, pero el último que me ha conseguío me vuelve loca. Yo me he preparao pa mi oficio, pero no sé hablá chino, y mi Paco me ha mandao a trabajá en casa de un matrimonio de ojo tipo filo de cuchillo, y como no nos entendemos lo que decimos, la pasamo haciendo seña, y ya se me ha hecho una laguna en mi cabeza, y me paece que con ello too lo que he aprendío se me está mezclando en la azotea. ¡Jodé! ¡Debí aprendé chino antes de doctorarme en lavarropa, especializá en lavavajilla!

Bueno, pasemo a otra cosa. Hoy me encontré con mi única amiga... la Manuela... la que anda siempre pa atrás porque no pue ir pa lante. Y hablamos de too esto, y me ha tranquilizao bastante. Me ha dicho que esta noche me pasa a buscá pa ir de juerga. Que hoy es sábado y que "hay que romperla"; y yo me pregunto: ¿qué quiere rompé la Manuela? No sé qué me pasa, no entiendo lo que hablan los chinos, pero tampoco entiendo lo que dice la Manuela. ¿Me estaré desenchufando las neuronas de tanto gastarlas con el máster que estoy haciendo sobre uso de la plancha caliente? ¡Va por Dios! Tendré que descansá algo la sesera. No sea cosa que agote las pila...

Me he enterao que las mujeres profesionale como yo descansamos menos. Una, porque no podemo pará y otra porque no nos dejan. Somo proveedoras de toos... los minerale y las vitaminas que le hacen falta a los marío, que generalmente están siempre cansaos de no hacer nada. Que una buena tortilla en un plato limpio es más que un salmón embarrao.

Bueno, me voy despidiendo porque tenjo que ponerme en forma pa salí de juerga con la Manuela. Voy a ve si me quito un poco el oló a ajo que tenjo siempre, que aunque está tan caro, diez peso la cabeza, yo me como tres por día, cosa de estar sana por dentro, que es estar sana por fuera. Total ya novio no tenjo que encontrar..., con el Paco me alcanza y sobra..., y a él no le incomoda el perfume a ajo, porque antes que too lo mato con mi sola presencia. Que como ya ustedes pueden ver, con mi delantera y mi trasero tengo un volumen suficiente como pa distraé a cualquiera que mire.

Ahora yo me prejunto...

¿Será de Dios que haya aprobao mi último examen de limpieza de zócalos?

La Pepa 3

¿Cómo están ustedes? Porque yo... ¡estoy de pelos parao! Es que me entero de cada cosa... Yo no sé si el mundo está al revé... o yo ando con tortícolis. ¡Y no me duele el cuello por mirar de costao! ¡Qué va! Yo miro siempre e frente, con la cabeza alta como me enseñó mi mare.

Es que mi Paco me ha mandao al pisicólogo, porque se le ha metío que pa pasarla bien de noche conmigo, primero me tenjo que arreglá la azotea. Él dice que tenjo rajadura y gotera en la cabeza, y que no hay coladó que aguante mis pensamiento. Yo no sé qué más quiere mi Paco de mí..., si yo le hago las friegas de abajo pa arriba y de arriba pa bajo; que too le duele: la cabeza, la espalda, las piernas... y no quio segí enumerando porque tie un cuerpo humano duplicao, es decir, va doble... como que calza el 48... y tie 60 e camisa, y caa beso que me da paece de aspiradora. ¡Pero yo lo quiero como es!

Ahora... yo ya fui al pisicólogo, y me ha atendío a su manera, que me ha hecho hablá de too. ¡Lo noté un poco raro! Me ha preguntao...

—¿Qué es pa osté la vía?

Y yo pensé..., éste se recibió de pisicólogo ¿y me viene a preguntá a mí qué es la vía? ¡Si no lo sabe él con lo que ha estudiao! ¡Yo le contesté lo que pienso! Y él se me ha quedao duro mirándome como desde el más allá. Yo le dije... la vía es un invento... y con el invento...

hacemo lo que queremo y lo que podemo. Alguno no pueden ni sonreí y llevan una cara a cuestas que dan pena. Yo... me la rebusco pa no jodé a nadie.

Y eso sí que se le pregunté al pisicólogo.

—¿Por qué hace osté pregunta tan jodida? Y ahí nomás se levantó de su cómodo sillón y me despidió... "hasta la próxima semana". Yo agarré mi changuito pa seguí luego al súper, que se me acabaron los porotos, y en menos que canta un gallo llegué a la esquina. Allí estaba el Paco, como buzón, esperándome.

—Pensé que tardarías más —me dijo, y luego...

—¿Te ha mejorao el pisicólogo? ¿Cómo has quedáo pa esta noche?".

—Oye, tú —le contesté. ¿Qué es pa ti la vía?

—¡Qué prejunta estúpida me haces, Pepa! —me contestó con cara de poco amigos—. Pues mira... yo tuve que pagá una consulta bien carita pa contestarla. Anda responde... yo no te voy a cobrá naa, porque yo te quiero, mi Paco... y no soy pisicóloga.

Mi Paco se trajó la respuesta, es decí, yo... no sé na de lo que piensa mi Paco de la vía. ¿Es nesario que mi Paco piense? Si yo sólo lo quiero pa que me caliente los pies y el pecho cada día y cada noche... el resto no es pa que me lo resuelva él. ¡Yo solita me las tenjo que ingeniar!

Claro que por no pensá pasan las cosas que pasan en el invento de la vía. Una mujé no pensó que tenía que llevá 60 céntimos pa ir al baño público en la estación de

Atocha en mi idolatrá España. El hecho es que la mujé bajó del tren con una ganas de aquellas que no se ajuantan. Corrió lo más ligero que pudo por esos andenes que paecen no terminá nunca. Llegó hasta el baño, y se encontró que también hay que pagá pa esta emergencias, y si no cargas el molinete con los 60 céntimos... ¡te haces encima! Y hay más de una apretando piernas mientras buscan en la cartera, el bolsillo o el monedero y, al fin, la que junta la moneda y la consigue colocá en la ranura del molinete pasa al encendío de la luz verde, a la gloria de un baño perfumao con música romántica. La buena de la mujé del cuento pasó el molinete, y cuando del apuro se levantaba casi la pollera, se encontró con una cola de señoras de piernas apretás... y los baños toos ocupaos..., y bue, fue una más que llegó tarde. ¡Un papelón que le pue pasá a cualesquiera!, local o turista.

Conclusión: siempre que uno llega tarde... es tarde. Por eso, creo que está bueno esto de ir al pisicólogo lo ante posible pa llegá en hora al horario del amó. Que no quiero que mi Paco se canse de mí teniéndome la vela. Que a los setenta y pico que tenemos ca uno... conviene cuidá los piolines, tener limpia la azotea... ¡y practicá el amó, aunque más no sea mirándonos a lo ojo mientras tomamos lo que querramos, a la hora que se nos antoje el día que se nos cante!

Escenas Breves

A distancia prudencial

ACTO ÚNICO

Living elegante de un piso cercano a Plaza Mayor, en Madrid. Un amplio balcón terraza deja entrar la iluminación nocturna de la calle. BEATRIZ, *un personaje que guarda formas atractivas, a pesar de su madurez, enciende todas las luces del living y se pone a tejer al croché a una velocidad sorprendente, mientras espera a* JOAQUÍN, *su marido, que no da señales... de ninguna especie.*

CUADRO PRIMERO

BEATRIZ

BEATRIZ: (*Teje nerviosa. Masculla.*) ¿Las dos? ¡Joder! ¿Y qué hago yo aquí tejiendo como Penélope? ¡Esperando al hombre! ¡Al que me ha jurao amor eterno, y que no me llama ni por teléfono!

(*Murmura.*) ¿Y dónde está, por Dios? Ahora se le ha dao por andar de noche... ¡Ayyyy! ¡Este "pendeviejo" que no afloja! ¿En qué hotel de citas andará demostrando sus "finezas"? ¡Que yo se las conozco muy bien!..., y no son tantas, y andan de "peso muerto" como la moneda corriente. ¿Quién le levantará la cotización a éste? ¿Y por qué? ¿Acaso yo... ya no figuro? ¿Me habrá remplazao?

(*Deja de tejer y se dirige hacia un cuadro de* JOAQUÍN *que está colgado en una pared*) ¿De qué me acusa mi Joaquín? ¿De que me crezcan pelos en el mentón? Pues desde que me lo hizo notá, estoy con la pinza too el día, pa arrancarme la barba de toos laos. ¿Qué voy a hacer si a mis años me crece? ¿Acaso yo soy la única con este problema? Porque de los dientes postizos, aunque se me mueven un poco, él no se da cuenta... ¡Qué va!

(*Orgullosa de su figura, vuelve, contoneándose, y se sienta en el sillón donde teje.*) Él me mira los pechos como cuando tenía los veinte años más gloriosos de mi vida... ¿Y yo qué puedo mirarle a él? ¡Pues no le ha quedao mucha gracia que digamos!

(*Cambia.*) Aunque cuando aparece lavao y perfumao se me olvida la estructura, y no me importa si se le caen los ladrillos, (*Segura.*) porque yo a mi Joaquín le levanto el edificio toa las veces que se me ocurra. (*Transición brusca.*) Lástima que le dura tan poco... ¡Apenas para un suspirito andalú y listo!

(*Tira el tejido. Está furiosa.*) Y ahora... ¿qué? ¿Hasta cuándo tenjo que esperarlo como una monja, como si estuviese en suplicio?

(*Va hacia el proscenio como mirándose en un espejo.*) ¡No, Beatriz! No desmayes que ties tela de sobra pa postrarlo a tus dos pie.

(*Su apariencia es desastrosa, pero ella se cree seductora y acciona.*) ¡No se me va a notar la cojera! Me las voy a ingeniá pa estirá la pierna..., y me pondré más derecha pa matarlo con la delantera..., y me platinaré la melena y me haré los rulos; me maquillaré de muchacha loca y me compraré ropa tres talles menos, cosa de reventá la figura. A los juanetes los meteré dentro de los zapatos de charol, y bien altos pa mirá al Joaquín desde "arriba" y dominarlo... ¡Joder!

(*Transición brusca. De su seguridad, pasa a estar destruida.*) ¡Pero que venja! Porque si no viene, ¿pa que me voy a pelar la barba? ¡Con lo que duele cada tirón de pelo!

(*Enloquece.*) ¡Tengo que hacer algo!... ¡Tengo que hacer algo! (*Camina de un lado a otro; su aspecto es delirante.*)

(*Decidida.*) ¡Me voy a servir un café mientras pienso cómo mato de amor a mi Joaquín!

(*Mutis.*)

CUADRO SEGUNDO

BEATRIZ Y JOAQUÍN

Entra JOAQUÍN*; setentón de aspecto arruinado. Viste elegante, pero por su actitud demuestra cansancio. Trata de hacer el menor ruido posible. Camina en puntas de pie, y apaga rápidamente todas las luces. Queda la iluminación leve que entra por el ventanal.* BEATRIZ, *vuelve con su café, servido en una hermosa taza acompañada de una azucarera de porcelana; todo colocado sobre una bandeja de metal. Aun en la penumbra reinante se advierte un desplazamiento cómico de ambos, quienes finalmente chocan entre sí. Cae la bandeja haciendo todo añicos, y* BEATRIZ *y* JOAQUÍN, *impactados, gritan.*

LOS DOS: ¡Ayyyyyy!

JOAQUÍN: (*Reconviniéndola.*) Beatriz... ¡me has asustao!

BEATRIZ: (*Prende la lámpara. Se enoja.*) ¿Qué yo te he asustao?

JOAQUÍN: Y... ¡sí! ¡Tienes un aspecto!

BEATRIZ: (*Lo acorrala lentamente hacia una de las paredes del living, amenazante.*) ¿Tú sabes quién soy yo?

JOAQUÍN: Pero... mujer... ¿qué preguntas?

BEATRIZ: Y... ¿qué dices?

JOAQUÍN: Nada. ¿Qué quieres que diga?

BEATRIZ: Pues... larjando el rollo. ¿Ande has estao? ¿Con quién? ¿Te paece que son horas de llegar a casa? ¡Habla o llamo al portero pa que evite una muerte!

JOAQUÍN: (*Se achica y se pone a llorar como un niño.*) ¡No! ¡Al portero, nooo! ¡Al portero, nooo! No hagas eso, Beatricita... no hagas eso.

BEATRIZ: (*Alarmada.*) Pero... ¿qué te ha pasao, hombre? ¿Tú hablas de mí? ¿Quién asusta a quién? ¿Te has mirao en el espejo? ¿Quién te ha dejao en este estao? ¿Un travesti? Yo nunca te he visto así, Joaquín... ¡Habla o llamo a los servicios médicos del país! (*Escandalizada.*) ¿Qué te han hecho, hombre? ¿Te han robao? ¿Treinta años de casaos te paecen poco pa que ahora me hagas escenas de loco?

JOAQUÍN: Si tú supieras, Beatricita... ¡Si tú supieras!

BEATRIZ: (*Lo acusa.*) Me acabas de tirar la porcelana de la bisabuela... ¡Qué Dio la tenga bien alto... pa que no vuelva! ¿Y te haces el misterioso?

(*Timbre. Golpes en la puerta.*)

BEATRIZ: ¿Has invitao a alguien? ¿Quién puede jodé a esta hora?
(JOAQUÍN *amaga a ir a abrir, y* BEATRIZ *lo detiene.*) Deja, ¡que paece que te he pegao!, y yo sólo he tejío y calentao un café.

(*Insisten los llamados.*)

BEATRIZ: (*Se dirige a abrir.*) ¿Quién se muere a esta hora?

RAMÓN: (*Desde afuera.*) ¡El porteroooo!

JOAQUÍN: (*Asustado.*) ¡El portero, nooo!

CUADRO TERCERO

BEATRIZ, RAMÓN Y JOAQUÍN

BEATRIZ: (*Abre.*) Pase, Ramón... ¡pase! ¿Qué se le ofrece?

RAMÓN: (*Es un hombre enigmático.*) ¡Las bestias andan sueltas!

BEATRIZ: (*Impresionada.*) ¿Quiénes?

RAMÓN: ¡Del cuarto... tercero... y segundo!

BEATRIZ: ¿Y qué tenemos que ver nosotros con las bestias?

RAMÓN: Que irán del administrador... y habrá jaleo... por ruidos molestos. (*Repara en* JOAQUÍN*, que está hecho una piltrafa.*) ¡Cómo ha quedao el hombre! (*A* BEATRIZ.) Osté... ¿le dio?, o él... ¿le dio a osté?

BEATRIZ: (*Se le acerca. Es evidente que ejerce en él una seducción.*) Mire, Ramón, ¡Váyase! ¿Quiere? Deje too pa más tarde, que la luz del día echa a los fantasmas.

RAMÓN: ¿Y qué les digo a las bestias?

BEATRIZ: Pues a los vecinos les dice... que no ha pasao nada, que hemos tenío conversaciones de matrimonio, nomás... y que mañana nos veremos la cara, y nos podrán preguntá lo que quieran. (*Irónica.*) ¡Cómo si ellos no se repartieran tortas de tanto en tanto!

RAMÓN: (*Baboso; se esconde de* JOAQUÍN, *le murmura.*) Tuve miedo que osté recibiera unas palmaditas en la cola por algo que no hubiera hecho bien.

BEATRIZ: No se preocupe, Ramón, que mi cola no recibió nada, ni siquiera un apretón cariñoso. (*Pícara.*) Porque yo "las cosas" las hago muy bien...

RAMÓN: (*La sigue.*) ¡Me lo imagino! Igual... de puertas adentro se cuida osté, de puertas afuera la cuido yo. Osté se me asoma por la ventana de la cucina, y yo le silbo pa que sepa que me tiro del balcón pa salvarla de lo que sea.

BEATRIZ: (*Lo tranquiliza.*) Que no pasa na, hombre, ¡Naaa! Bueno, vaya osté a dormir, que es hora...

RAMÓN: Síííí, Beatricita, y me alegro que esto no haya pasado a mayores. (*Mutis.*)

BEATRIZ: (*Cierra la puerta. Sola, se confiesa.*) ¡Joder! En vez de tener enamorao a mi marido..., ¡lo tengo abrochao al portero!

(*Llama.*) A ver, por Dios... Joaquín, deja de portarte como un moquete, deja de esconderte y vente a la cama... ¡que es hora de arrugar hasta ir a comprar galletas!

JOAQUÍN: (*Aparece moqueando.*) ¡Que no, mujer! ¡Que no! No estoy ni estaré pa comprá galletas, ni na...

BEATRIZ: Pero... ¿qué te ha pasao hombre de Dios? ¿Vas a hablá de una vez?

JOAQUÍN: (*Contundente.*) ¡La he matao!

BEATRIZ: ¿Qué dices? ¿A quién has matao tú?

JOAQUÍN: A la Alfonsa.

BEATRIZ: (*Espantada.*) ¿A la mujer del portero?

JOAQUÍN: ¡Que sí, mujer!... ¡Sí! La dejé caída como un trapo retorcío.

BEATRIZ: (*Desesperada.*) ¿Y por qué la has retorcío? Digo..., ¿matao?

JOAQUÍN: ¡Por amor, mujer! ¿Por qué otra cosa iba a hacerlo?

BEATRIZ: ¿Y me lo dices así... tan poroto?

JOAQUÍN: (*Enojado.*) Pero... ¿no te alegras?

BEATRIZ: (*Enloquecida*) Pero... ¿cómo me voy a alegrar que hayas matao a la Alfonsa? ¡Y encima por amó!

JOAQUÍN: (*Hace un soliloquio ridículo.*) ¿Quién entiende a las mujeres? ¡Están cada vez más bananas! ¿Pero que pretendía ésta, que me dejara toquetear por la Alfonsa en un ascensor, en un palier o en la azotea? ¿O que la llevara a un hotel de citas? ¡Va por Dios! (*Se vuelve a* BEATRIZ *y se confiesa.*) Pues mira... Beatricita de mi alma..., la 'cosa' viene de tiempo atrás. Resulta que cada vez que sacaba la basura por las noches me topaba con la Alfonsa, y palabra va... palabra viene..., la mujer se me fue enamorando de mi persona, que por cierto tiene sus atractivos fundamentales, y bien a la vista. (*Cambia, haciéndose el bueno.)* Pero... yo siempre le he hablado de ti... de tu dulzura... de tus caderas, aunque no le conté nunca que usas faja.

¡Y bue! Hoy me ha acorralao y me defendí... hasta dejarla tirada.

BEATRIZ: ¿Tirada... tirada?

JOAQUÍN: ¡Tiradísima!

BEATRIZ: ¿Y a dónde quedó tiradísima?

JOAQUÍN: ¡Ahhh...! ¡Qué sé yo! Mira se me iba a quedarla mirando cómo caía. Una vez hecha mi defensa por mano propia, me escapé huyendo en la obscuridá de la noche, pero enllegando a estas horitas me dije que ya estaría despėjá de vecinos la entrada del edificio... y me vine más rápido que ligero pa estar contigo, mujé. (*Exagera.*) Impoluto..., que no me he dejao tocá ni una pestaña por la mujé del portero.

BEATRIZ: (*Como poseída.*) ¿Y la sangre? ¿Dónde quedó la sangre?

JOAQUÍN: (*Comienza a divertirse.*) Ni una gota... no cayó ni una gota...

BEATRIZ: ¿Y cómo la has matao?

(*Timbre. Golpes a la puerta.*)

BEATRIZ: (*Horrorizada.*) ¡La policía! ¡Escóndete, Joaquín!... ¡Te han venío a buscá! ¡Apúrate! (*Trágica.*) ¡Por mi vía no te han de llevar de esta casa!

(**JOAQUÍN** *se aleja hacia su dormitorio rápidamente.*)

RAMÓN: (*Llama desesperado.*) ¡Abran! ¡Abran!

CUADRO CUARTO

RAMÓN Y BEATRIZ

RAMÓN: (*Entra descontrolado; su rostro, pálido, sus manos temblorosas. Demuestra que algo terrible ha sucedido.*) ¡Ayyyy!, Beatricita... ¡lo que ha pasao!

BEATRIZ: (*Disimula su nerviosismo.*) ¿Qué ha pasao?

RAMÓN: (*Trágico.*) Alfonsa... ¡está muerta!

BEATRIZ: ¡Joder! ¿Cómo fue eso?

RAMÓN: (*Seguro.*) ¡Que la he matao!

BEATRIZ: (*Absorta.*) ¿Tú también la has matao?

RAMÓN: ¿Quién más pudo hacerlo, sino este hombre que te ama como nadie? ¡Lo he hecho por amó!

BEATRIZ: (*Escandalizada.*) ¡Santa Teresa de Ávila! Esto es una novela turca. (*Lo increpa.*) ¿Y dónde está la muerta?

RAMÓN: (*Seguro.*) Cayó por ahí...

BEATRIZ: ¿Y cuándo?

RAMÓN: Hace unos minutos.

BEATRIZ: (*Bien cómica.*) ¿Te has asegurao que estaba viva cuando la has matao? Porque tengo la impresión que la Alfonsa estaba muerta antes de estar... muerta (*Pausa. Intrigante.*) Dime... y sin dudá..., ¿la has dejao muerta... verdaderamente muerta?

RAMÓN: Sino... ¿cómo te contaría esto? ¡Y a estas horas!

BEATRIZ: (*Descomprime.*) Yo me alegro...

RAMÓN: (*Se gratifica.*) ¿De veras?

BEATRIZ: Imagínate... ¡la has matao tú!

RAMÓN: (*Feliz.*) ¿Valoras mi gesto? ¿Vale más que un ramo de rosas, verdad? (*Embelesado.*) Lo hice por amó, Beatriz... ¡por amó! (*Como un Romeo.*) Ahora estamos libres como los pájaros en el campo, y la lluvia en los pastizales. ¡Me tienes loco de amor!

BEATRIZ: ¡¿Tú también has caído por mis encantos?! (*Atónita.*) ¿Qué les pasa a los hombres? ¡Por Dios! ¡Se meten toos con una! Y una... ¿qué? ¿Tiene que respondé a toos? (*Se vuelve a* RAMÓN.) Mira, Ramón, sálvate... (*Le aconseja.*) Lo mejor que puees hacé es fugarte..., rajar de toos láos.

RAMÓN: ¡Estoy de acuerdo!, (*Delirante*) ¡pero contigo! Que este amó que siento por ti... me atraviesa las venas y me revienta el pecho.

BEATRIZ: (*Lorquiana.*) ¡Pero yo tengo marido!

RAMÓN: De nada vale compromiso alguno. Sigue mi ejemplo... ¡anda! ¡Mátale!

BEATRIZ: ¿Qué lo mate yo? ¿Más muertes en esta casa?

RAMÓN: (*Contundente.*) ¡Es la vida!

CUADRO QUINTO

JOAQUÍN, BEATRIZ, ALFONSA Y RAMÓN

JOAQUÍN: (*Vuelve. Al ver la proximidad de ambos, se hace el duro.*) ¿Qué está pasando aquí?

BEATRIZ: (*Trata de que* JOAQUÍN *entienda que se ha solucionado todo.*) Dice... Ramón... ¡Que la Alfonsa está muerta! Y que la ha matao...

JOAQUÍN: (*Como si* RAMÓN *lo hubiese descubierto, murmura, y no quiere escuchar.*) ¡Joder! ¡Estoy en el horno!...

RAMÓN: (*Siente lo mismo que* JOAQUÍN.) ¡El marido me ha pillao! ¡De esta no salgo!

BEATRIZ: (*Concluye.*) ¡Es hora de ocuparse de la muerta!

ALFONSA: (*Quiere derribar la puerta a golpes. Grita detrás de la puerta.)* ¡¡Abran o tiro la puerta abajo!

BEATRIZ: (T*rémula.*) ¿Quién llama? (*Acota.*) Paece la voz de la muerta...

ALFONSA: (*Desde afuera.*) ¡Alfonsa! ¿Quién va a ser?

BEATRIZ: (*A los dos.*) ¡Abran ustedes! ¡Que yo no estoy pa recibir visitas de difuntos!

JOAQUÍN: Abro yo..., ¡y que sea lo que Dios quiera! (*Abre la puerta.*)

(*Entra* ALFONSA *hecha una fiera, y encara con un palo de amasar, a punto de hacerlo funcionar, a la azorada.*)

ALFONSA: ¡Desgraciada! ¿Pa qué quiés dos hombres a la edad que tienes? ¿Cómo vas a hacerlos funcioná? ¿No ves lo palmaos que están?

BEATRIZ: (*Se vuelve a los dos hombres, y en voz baja los increpa.*) Ustedes do..., ca uno por su cuenta, ¿no la habín matao?

LOS DOS: ¡Que sí, mujer!... ¡que sí!

LOS DOS: (*Se miran y, descubriéndose, dicen al unísono.*) ¿Tú también?

BEATRIZ: Si la habéis matao... ¿Cómo es que respira?

JOAQUÍN: Ahora entiendo. Lo que me decía la Alfonsa era verdá. Ella necesitaba un poco de trato... y yo... la traté con unos cuantos palazos..., pero no la volteé por lo que veo. Ella tomó los palazos de maravilla, y no se ha muerto pa nada. ¡Paece que el ejercició la ha refrescao!

ALFONSA: Y tú, Ramón ¿Qué haces callao? ¡Paeces un perro embalsamao, hombre!

RAMÓN: Y... ¡me resigno! ¡Está bien! (*Decidido.*) Te tendré resucitada mientras aguante..., te haré de esposo toos los días. Espero seguir funcionando, que no es na fácil la tarea. Pero tú eres tú, y yo soy yo..., y el destino nos ha jugao la mala pasada de hacernos encontrá un día pa caminá la vía como mejor podamos.

ALFONSA: (*Lo conforma. Lo tranquiliza.*) ¡Aguantemos juntos!... que los papeles del divorcio salen caro, y las mudanzas también...

RAMÓN: (*Empobrecido.*) ¡Perdone, doña Beatriz!, si nos hemos propasao con usted y su marío. No volverá ocurrir.

JOAQUÍN: Y usted, Doña Alfonsa, tómelo a bien. Nada es mejor que mantener buenas relaciones..., sobre todo en el edificio...

ALFONSA: (*Vuelve a empezar.*) Pero a mí se me debe una explicación. ¡Me han magullao toda! ¿Y por qué? ¡Los dos me han dao una salsa!... ¿Qué han ganao con eso?

BEATRIZ: Yo que tú, a esta altura no preguntaría na más. Anda, Alfonsa, date un baño..., que hueles a cementerio.

RAMÓN: Ven aquí, Alfonsita, que se ha hecho tarde, y esta gente paga las expensas en fecha y merece dormir..., que son ya casi las cuatro y tuavía podemos aprovechá el calentito de las sábanas. ¡Vamos preciosa, déjales el palo de amasar de regalo! ¡Es un buen gesto! ¿No te paece? (*Se lleva a empujones a* ALFONSA.)

ALFONSA: (*Se aleja con* RAMÓN, *poco convencida de cómo quedan las cosas.*) Mira tú, Ramón... vamo a hablá de too esto en casa... y antes que me bañe.

RAMÓN: Eso sí... ¡te bañas o te bañas! Y luego hablaremos de lo que quieras mujé. Que hablá se puede, pero respirá chacleta mojá, ¡eso sí que no se aguanta!

(*Cinco campanadas de reloj.*)

RAMÓN: (*Se dirige a los dueños de casa.*) Hasta más tarde, señores. Luego les traigo el diario... que ya son las cinco y ya debe haber llegao.

JOAQUÍN: (*Los acompaña.*) Vaya con Dios, Ramón... y haga mejor letra... que no quiero llevar cuestiones de este tipo al consorcio.

(*Cierra la puerta y encara a* BEATRIZ, *contundente.*) A partir de ahora la basura la sacas tú, y las expensas se mandan pur curreo al administrador.

BEATRIZ: (*Reflexiona.*) Así es, Joaquín, hay que guardar distancia prudencial con los purteros, porque ya lo has visto... ¡un poco más se nos meten en la cama! Y lo peor es no saber si no nos dábamos cuenta o nos gustaba la cosa.

JOAQUÍN: Anda, mira si a estas horas y a nuestros años vamos a fijarnos en detalles ¡Es la vida moderna! ¡Ahora, en los tiempos que corren estamos toos colgaos de 'la nube'! (*Reflexiona.*) ¡Si ya casi nadie sabe dónde ni con quién está parao, sentao o acostao!

BEATRIZ: (*Embelesada con las definiciones de su* JOAQUÍN.) Oye... precioso... ¿qué parte es la que más te gusta de mí?

JOAQUÍN: (*Científico.*) Tú tienes un való doble..., estás interesante de ambos laos. De atrás pa adelante y de adelante pa atrás...

BEATRIZ: (*Muy conforme.*) ¡Las cosas que dices! ¡Las cosas que haces! ¡Asssesiiinooo!

JOAQUÍN: ¡Por amor, Beatricita! ¡Por amóóóó!

BEATRIZ: Anda, ve a acostarte un rato. Yo enseguida estaré contigo. Voy a recogé las cosas rotas, que no me gusta dejá na tirao.

JOAQUÍN: (*Contentísimo.*) ¡Quítate hasta los aros! ¡Que no quiero que na se interpola entre nosotros! (*Mutis.*)

BEATRIZ: Descuida, hombre, que lo que más me gusta es mostrarme al natural. (*Se dispone a barrer.*)

CUADRO SEXTO

RAMÓN Y BEATRIZ

RAMÓN: (*Desde el balcón silba llamando la atención de* BEATRIZ.)

BEATRIZ: ¿Otra vez, tú? ¿Quieres, que Joaquín nos mate a los dos?

RAMÓN: ¡Qué ganas de anotarte en la funeraria tienes! Déjame entrar, te lo pido...

BEATRIZ: Pero después de too lo pasao... ¿qué más quieres?

RAMÓN: (*Descubriendo un futuro.*) Que cambiemos parejas. Que la Alfonsa me acaba de confesá que está loca con tu marío... y yo le dicho que estoy loco por ti, y como toos estamos locos, ella me ha propuesto... cambio de parejas... ¿Qué te paece? Aunque sea por unos días... pa distendernos... Así nadie mata a nadie, y nos damos el gustito... que a nuestros años alguno hay que darse ¡Joder!

BEATRIZ: Anda... ¿me estáis proponiendo una práctica subversiva? ¿Hablas de *swingers*?

RAMÓN: (*Muy entusiasmado.*) Cosa de aumentá la adrenalina, mujé! Vamos a oscilá un poquito ¡Llámalo a tu pedazo de hombre! Arreglemos esto lo antes posible, que viene el destapador de cañerías y tenjo que trabajá.

BEATRIZ: Oye, Ramón, tú estás en tu sano juicio o te han agarrao los marcianos, con perdón de la estratófera. ¿Cómo le voy a decí al Joaquín si quiere cambiá de pareja? Si a mí me cambia por otra..., ¡yo lo mato!

RAMÓN: ¿Pero te das cuenta? No es cuestión de matá, mujé..., eso ya se ha entendío en el capítulo anterior. Ahora le estamos encontrando la vuelta. Cuestión de tomarnos unas vacaciones na más..., tú de lo tuyo y yo de lo mío. Las medias naranjas aburren, que son siempre las media naranjas, exprimas donde las exprimas...

(*Trata de convencerla.*) No me digas que no te gusta la idea..., sería algo tranquilo, sin que nadie asesine a nadie.

BEATRIZ: Pues espera... tenjo que preguntarle a Joaquín. Quédate aquí en el balcón..., (*Segura*) no te muevas... (*Se aleja.*)

RAMÓN: (*Contento. Murmura.*) ¡Qué bueno! ¡Paece que la idea le gustó! Al marío lo va a convencé enseguía..., con las ganas de hacer una picardía que tie el vejete...

CUADRO SÉPTIMO

RAMÓN, JOAQUÍN Y BEATRIZ

Entran JOAQUÍN y BEATRIZ. *Ella, con el palo de amasar que le dejara Alfonsa como regalo obligado.* JOAQUÍN *deja hacer a su mujer.* BEATRIZ *levanta el palo y, con seguridad, acomete contra* RAMÓN.

RAMÓN: ¿Qué hice de malo? Señora Beatriz, baje ese palo..., ¿qué piensa hacé? Don Joaquín, osté... ¿qué dice? ¿No le gustó mi idea?

JOAQUÍN: (*Hecho un dandi, ordena.*) Beatriz, ¡no me molestes con estos temas! Que hay cosas que no merecen ser vistas. (*Define.*) Haz lo que tenjas que hacé, y vente pa dentro que ha refrescao. (*Se retira muy tranquilo, como si nada hubiese pasado.*)

BEATRIZ: (*Levanta una vez más el palo de amasar y amenaza a* RAMÓN.) Cuéntame esa milonga de cambiá pareja... Anda, anímate...

RAMÓN: (*Asustado, decide retirarse como mejor puede, y desaparece por el balcón baranda abajo.*)

RAMÓN: ¡Ayyy!, Beatricita... ¡qué poco sentido de humanidad tienes! En la vía se debe compartir el pan y la fruta...

BEATRIZ: (*Lo corre.*) ¡Te voy a convidá con laxante, desgraciao!

RAMÓN: (*Cayendo.*)¡Guarda abajooooo! ¡Ayyyyyyyy!

BEATRIZ: (*Vuelve hacia el living.*) ¡Ya está! ¡Éste no aparece más por un buen tiempo! ¡Que dos o tres costillas rotas me lo van a tener controlao!

(*Se apacigua.*) Y yo... ¡tranquila! ¡Como agua de tanque! Que al fin de cuentas..., (*Mientras barre y junta las porcelanas rotas.*) llevo veinte años de casaos con mi Joaquín. Que está bueno aguantarse el uno al otro, que somos como reliquia, valemos oro. Y los otro... los que vienen por la puerta y se van por el balcón... desde ahora y pa siempre... a distancia prudencial. ¡Eso! ¡A distancia prudencial!

(*Barre a velocidad.*)

¡Qué maravilla, señor!... ¡Qué maravilla!

RIVAROLA Y QUIJOTE

Consultorio del prestigioso psicólogo argentino, investigador del sufrimiento humano, licenciado LUIS RIVAROLA.

RIVAROLA: (*Preocupado. Monologa*) ¡Lo último que falta! ¡Atender a uno que dice ser el Caballero de la Triste Figura! ¡No hay caso! La gente está cada vez más... ¿cómo decirlo? Más... más... (*Timbre. Puerta. Pasos.*)

(QUIJOTE *entra hablando, vestido con su imponente armadura de caballero.*)

QUIJOTE: (*Se suma a los puntos suspensivos de* RIVAROLA *en un tono más alto.*) Más... rápido no pude llegar distinguido galeno..., que no he dado buenas en estas calles de Dios. (*Impresionado, le confiesa con tono muy cómico.*) Casi me filetean unos extraños aparatejos de colores, que retumban bocinas, vuelan... apenas unas luces verdes y rojas les señalan por dónde va la vida... (*Mira de arriba abajo al licenciado.*) ¿Usted se ocupará de mi cuerpo y alma?

RIVAROLA: Primero... ¡buenas tardes! En cuanto a lo que usted busca... yo... hago lo que puedo... (*Con cierta ironía.*) Por su porte y armadura deduzco que usted es...

QUIJOTE: (*Interrumpe.*) Alonso Quijano, bien conocido como Don Quijote, caballero castellano que va por el mundo subido a su fiel amigo caballo Rocinante, (*Le confiesa siempre en su tono cómico.*) al que he tenido que dejar atado en un elemento en filo, supuesto signo viril de esta populosa ciudad... ¡al que llaman Obelisco! ¡Espero que no lo roben! Porque señales tengo de que a la menor desatención os apropiáis hasta del aire.

RIVAROLA: No es para tanto. (*Imperativo, le señala el diván.*) Acuéstese.

QUIJOTE: (*Muy serio, y en respuesta defensiva al tono de* RIVAROLA.) Señor mío... ¿a qué crees que he venido? ¿Qué insinúas?

RIVAROLA: (*Con cierta autoridad.*) ¿No se quiere acostar? ¡Tome asiento entonces! (*Lo sitúa en el escritorio.*)

(El QUIJOTE se sienta y escudriña a RIVAROLA, mientras se acaricia la barba. RIVAROLA ocupa su escritorio sentado frente al QUIJOTE. Hace lo mismo que él, en un efecto de espejo. Se miran, hasta que RIVAROLA interrumpe enérgico.)

RIVAROLA: ¡Bueno, basta! (*Se dulcifica.*) ¿Qué lo trae por aquí?

QUIJOTE: He recibido el consejo de mi dulce e idolatrada Dulcinea del Toboso para que os viniera a consultar. Necesito poner en orden ciertas ideas, que me poseen tanto como yo a ellas. (*Ante el silencio de* RIVAROLA.) ¿Qué objetas con esa extraña expresión?

RIVAROLA: (*Intenta anotar.*) ¿Lugar y fecha de su nacimiento?

QUIJOTE: (*Indignado.*) ¿Cómo me preguntas eso? ¿No has leído *El Quijote*? ¿Qué te han enseñado en la escuela? Por último, ¿qué importa dónde y cuándo he nacido? ¿No estoy aquí? ¿No me ves? Acaso... ¿no sabes que el tiempo es un mito organizado por los hombres?

RIVAROLA: (*Descubre algo fenomenal.*) ¿El tiempo es un mito?

QUIJOTE: Si sigues preguntando te cobraré mis respuestas. No he cruzado los mares para hablar de mi nacimiento..., puesto que ya estoy nacido. Pregúntame algo más interesante...

RIVAROLA: (*Pausa.*) ¡Diga lo que quiera!

QUIJOTE: ¡Eso me gusta! ¡Hablar con libertad! ¡Sin ataduras! (*Apaciguado.*) Se trata, estimado hombre de ciencia, de terminar con el desorden...

RIVAROLA: ¿Cuál de todos?

QUIJOTE: (*Se compadece.*) Te encuentro algo perdido... (*Explica.*) Hace siglos que trato este asunto, y me dicen que arremeto contra los molinos de viento. La humanidad no entiende que la verdadera violencia es sólo conformidad.

RIVAROLA: (*En la incertidumbre.*) Esto no es un entretenimiento. ¡Es serio! Observemos juntos. Estamos comunicándonos más allá de toda diferencia. ¿Entiende esto?

QUIJOTE: Te pido que el lenguaje no condicione nuestra manera de pensar.

RIVAROLA: (*Bastante incómodo, se confiesa.*) ¡Por algún lado tengo que empezar!

QUIJOTE: (*Científico.*) El analizador es lo analizado. Decía que la no violencia no es real..., (*Seguro.*) lo real es la violencia. Dar de comer a un hambriento es ley, pero lo real es que está hambriento..., ¡y eso es imperdonable! (*Enloquecido, toma posición de lucha.*) Frente a ello atropello, espada en mano y pensamiento en alto.

RIVAROLA: (*Entusiasmado.*) Me regocija estar con tan digno representante español.

QUIJOTE: (*Impresionado. Curioso.*) Doscientos años y más de independencia ¿Les ha servido para algo? ¿Tenéis paz? ¿Sois libres verdaderamente?

RIVAROLA: Y... ¿cómo están por España?

QUIJOTE: ¡Trata de no responder con nuevas preguntas y ten a bien contestarme alguna! ¿Tratáis bien a los niños? ¿Respetais a los ancianos?

RIVAROLA: (*Incómodo, retoma la consulta.*) ¿Continuamos con la entrevista? El tiempo se acorta...

QUIJOTE: (*Suelta una risotada.*) ¿Otra vez hablais del tiempo? ¿Qué os pasa? Háblame del amor... (*Seductor.*) ¡Conquistémonos realmente! (*Cambia y exige.*) ¡Dame al fin mi diagnóstico!

RIVAROLA: Estimado Quijote..., usted tiene que seguir por la vida dando ejemplo de caballerosidad e hidalguía.

QUIJOTE: (*Ansioso.*) ¿Consideras que soy necesario y estoy apto para vivir en la Argentina?

RIVAROLA: ¿Por qué no? ¡Aquí precisamos millones de Quijotes capaces de arremeter contra todas las infamias y los miedos!

QUIJOTE: (*Decidido y feliz.*) ¡Me comunicaré lo antes que pueda con mi querida Dulcinea! Necesito que me acompañe en este nuevo emprendimiento. (*Súbitamente preocupado.*) Ahora bien, queridísimo componedor, ¿podrías ejercitarme para compartir con vosotros, mi propia vida en este algo extraño país llamado Argentina?

RIVAROLA: ¡Con gusto! ¡Lo adaptaré a esta sociedad de cambios permanentes! En poco tiempo usted estará acostumbrado a pagar todos los impuestos, los servicios y las cargas sociales... Aprenderá a viajar en nuestros subtes y trenes... Sabrá lo que significa un horario de aviones, y descubrirá un inquietante estado de inseguridad. (*Conquistándolo,* RIVAROLA *apoya su mano en el hombro del* QUIJOTE.) Al mismo tiempo, descubrirá nuestro país, su belleza y su gente...

RIVAROLA: Conocerá nuestro arte y nuestra ciencia, a sus creadores, autores y poetas... Nuestra música será su bálsamo, y admirará nuestros mares y ríos como un extraordinario marco de planicies y campos verdes amarillos y castaños.

QUIJOTE: (*Seducido.*) Si es así, me quedo... (*Pausa. Reflexiona. En su tono confidencial cómico.*) ¿Qué tal vamos con la economía, doctorcito? ¡Porque no es cuestión de andar a los zancos! ¿No se repetirá el corralito? ¿Qué pasa con los buitres? ¿Siguen los arbolitos? ¿Y los manteros?

RIVAROLA: (*Está en otra cuestión, no lo sigue.*) No estamos reunidos aquí para tratar estos asuntos. (*Cambia.*) La vida es mucho más que lo que vemos..., la vida es belleza, conciencia pura. ¡Arte!

QUIJOTE: (*Se entusiasma.*) ¡Oh!, sí, hablas mi idioma. ¿Qué tal si te regalo una armadura y otro fiel Rocinante? Iríamos juntos buscar a mi gran amigo Sancho y a mi bella Dulcinea.

RIVAROLA: Antes... (*Trata de seducirlo hacia un tratamiento terapéutico de internación psiquiátrica.*) disfrutemos nosotros solos. Nos internaremos juntos..., hay buenos lugares para iniciar otro tipo de experiencias.

QUIJOTE: (*Algo preocupado.*) Todas... varoniles..., ¿o hay que pegar un salto al vacío?

RIVAROLA: Déjese llevar, amigo mío... ¡Déjese llevar!

QUIJOTE: Yo no tengo problema (*Astuto.*) La armadura me defiende (*Ríe enloquecido, impresionado.*) Esto va mucho más lejos que una consulta psicológica. ¿Tienes propósitos impolutos o te manejas en el submundo de las pasiones podridas?

RIVAROLA: (*Contundente.*) ¡Basta de dudas! ¡Deje de sufrir!

QUIJOTE: (*Impresionado ante la luz.*) ¡Haz de mí lo que querais, con tal de hacerme apreciar la vida!

RIVAROLA: (*Incitándolo.*) Despréndase de las ataduras.

QUIJOTE: (*Aflojando.*) ¡Con lo que me ha costado conseguirlas!

RIVAROLA: Permítase llevar..., flote... flote...

QUIJOTE: (*Súbitamente preocupado.*) ¿Te ocuparás de Rocinante?

RIVAROLA: Lo iremos a buscar lo antes posible, pero... por ahora, empezaremos a despreocuparnos. Hay que... "tirar la chancleta"..., ¡ceder!

QUIJOTE: (*Contundente.*) ¡Joder! Me estás preocupando en serio. Casi te diría que estoy por salir de disparada..., y más que por la puerta, por una ventana. ¡No olvides que no he entregado mi espada ante nadie!

RIVAROLA: (*Conquistado.*) ¡Qué bello y arrogante eres, caballero castellano, Don Quijote! Desde la literatura me has enamorado... ¡y para siempre! ¡Eres un modelo ejemplar, único!

QUIJOTE: (*Resignado.*) Si no fuese porque mi bella Dulcinea del Toboso me lo hubiese pedido, jamás hubiera venido a esta consulta ¡Ella ha tenido razón una vez más! ¿Acaso asistir a una consulta psicológica puede traerme algún descrédito público? ¡No, No! No he de perderme esta experiencia. (*Cambia.*) Preséntame lo antcs posible el panorama argentino... Estoy dispuesto a pertenecer a estas tierras el tiempo necesario.

RIVAROLA: Lo tendré en observación. Lo atenderé como a ningún otro. Hará una terapia exclusiva. Lo merece, espíritu maravilloso. Insisto. ¡Es un líder universal!... ¡Qué maravilla, señor!... ¡Qué maravilla!

(*Se escucha una sirena de ambulancia que se acerca.*)

Stand Up

Confesión

(*Amanerado*) Buenas noches. No les pregunto cómo les va porque no me puedo hacer cargo de nada más.

(*Se confiesa.*) El destino nos ha dado cita aquí, hagamos que esto resulte, *please*. Necesito hablar, contar mis penas. Sacarme el corsé, que me está ajustando demasiado.

Acabo de terminar con mi pareja. Un desastre. ¡Pepe me dejó por una mochilera!

Esto me complica. Me siento como una tetera sin uso.

¿Podemos seguir teniendo confianza? Pepe me soltó en paños menores. Literal. Se llevó hasta mis calzoncillos. Me vendió pescado podrido.

Ahora tengo que rearmarme. ¿No les parece? ¿Pero... quién me va a cocinar? Yo para lo único que sirvo es para pagar cuentas. (*Seguro.*) ¡Y Pepe se va a dar cuenta pronto de que nadie le va a pagar las cuentas como se las pagaba yo!

Resulta que "mi" Pepe, ahora volvió a cambiar de bando. Se fue del lado de las chicas. ¡A mí me juró amor eterno, y se fue dejándome tres pelucas que no me calzan!

Porque Pepe tiene la cabeza chica, y yo, grande. Ésa es la diferencia entre los dos.

No digo que un coco sea mejor que el otro, pero sí digo que los pensamientos deben estar más cómodos en el mío, porque les doy más espacio.

Yo siempre reflexiono. Para mí no hay mal que por bien no venga. Y si viene alguno distraído lo hago pasar de largo. Esto me lo enseñó mi abuela. Los problemas afuera; hay que echarlos por la ventana.

(*Resuelto.*) Lo de Pepe se me va a olvidar tan rápido como un rayo. Ahora si el rayo me mata..., ¡que cargue él con su culpa!

¿Estamos de acuerdo en definir el abandono como una crueldad espantosa? ¡Aunque yo dejé de estudiar en cuarto grado y me sentí tan feliz!

En la vida nada pasa porque sí, todo tiene un motivo. Y Pepe se dio cuenta cuál era mi motivo, y se aprovechó de mi inocencia.

El hecho es que yo ronco y el silba. Esto que digo parece una pavada. Pero no lo es. Porque nuestra orquesta nocturna alteraba hasta a los vecinos.

¡Los departamentos modernos tienen ese no sé qué! Las medianeras son tan finas, que uno convive de la noche a la mañana. (*Irónico.*) ¡La hermandad con los vecinos del mismo piso! ¡Qué maravilla!

No les digo que eso fue todo. ¡No! De modo alguno.

¿Qué les parece esto? Yo me considero un hombre limpio. Lavo mis medias todos los días. Lo mismo todo lo que da olor. ¡Pero él no! ¡Él es sucio! ¡Y con el olor que producía llegó a alterar el aliento del edificio! Encima se echaba perfume... ¡Intolerable! ¡Intolerable!

Créanme, no estoy aquí para hablar mal de Pepe. ¡No! De mí quiero hablar mal, porque soy demasiado sensible.

Una rosa en el viento. ¿Qué digo? Me siento como un tomate sin lechuga... ¿Cómo pude convivir con Pepe? ¿Qué me atraía de él? ¿Acaso es tan grande su atributo?

Estoy triste, melancólico, débil. Me tengo que conformar con Internet. Ahora amo 'la nube'. Vivo en 'la nube'. No hago otra cosa que subir y bajar de ella. El día se me derrite mirando la pantalla de la compu.

¡Y bue! Quizás todo sea para bien..., ¿no les parece? ¡Estoy en la edad justa para replantearme la vida!

(*Decidido.*) ¡Voy a ver si me anoto en quinto grado y termino la escuela primaria!

Infidelidad

¡Gracias!..., porque vais a tener que aguantarme. Vengo con un humor..., ¡que muerdo!

No creo que esto que les voy a contar les pase también a ustedes. ¡No! La infidelidad no es cosa corriente. ¿O acaso... alguna de vosotras, señoras de peluquería, tenéis motivo pa desconfiar del que os juró amor eterno hace más de dos décadas?

Debo confesarles que esos que han jurao en su momento, hace ya veinte años, amor eterno, hoy día, están... ¡oxidados!, como canillas con sarro. Ya no tienen ni ganas de articularse, diría que están... inflexibles. ¿Será que los hemos estropeao con el transcurrir de la convivencia?

A ver, tú, guapa... Sí, tú, la de los claritos... ¡Anda, dime! ¿Tu media naranja tie ganas? ¿Cómo ganas de qué? ¡Bueno si tú no lo sabes!... ¿O anda más entusiasmao con ir a jugá a las maquinitas?

Pues mira, te voy a da un consejo. Joder, vale, tú tranquila, ajo y agua... Fresquita como agua de mayo... Ya vendrá él, cabeza gacha..., y si le quieres, te lo aguantas.

Yo, al mío... ¡qué va! Si él se acerca, me corro. ¡Que soy más dura que tú, sejuro! ¡Que si me entero que anda con la panadera, le cierro el horno! En casa se come el pan que yo amaso.

¿Y, tú, por qué te callas? ¿No te paece que estamos desubicás? ¿Qué hacemos acá? ¿Tú sentá allí, y yo en el escenario?

¿Te das cuenta que no tenemos oficio? ¿Que los temas de infidelidad se estudian? ¿Que hay que sabé reventá el proceso en el momento oportuno? ¿Que no vamos a arreglá el problema contándoselo al peluquero?

¡Deja ya de hacerte los claritos, que tu marío lo que menos se fija es en tu melena!

¡Basta, me estoy envejeciendo delante de ustedes! y aunque no lo crean... me paece que (*Canta.*) "veinte años no es nada, que es febril la mirada". (*Retoma su exposición.*) ¡Lo he decidío..., esta noochee, cuando aparezca el retobao... me le tiro encima!

(*Señala a la mujer del público.*) Y tú haz lo mismo. ¡A no perder tiempo! Que se acaban los hombres, y nosotras todavía tenemos uno. ¡Joder!

(*Urde.*) Le voy a prepará un menú... mata caballo, de eso que comes y estallas por toos laos.

Que pa eso está el ají picante y la pimienta... y las friegas que una inventa pa masajéa las partes contracturadas. (*Loca.*) Ahora, si no me responde... si no enciende vela, si no pone motó en marcha, si no agarra la moto, si no sube al caballo, si no empuja el viento, si no corre la maratón, si no canta *La Traviata*, si no se come el helado, si no me cuelga la ropa en la azotea, si no paga las expensas, si no limpia las ventanas, si no encera el comedó, si no plancha la ropa, si no prende la chimenea, si no va al supermecao, si no me piropea, si no se entusiasma, entonces yo, que soy de buena cepa..., ¡me iré al pisicólogo!, a ver en qué estoy fallando... Que si hay que arreglá algo, lo voy a hacé por única vez... ¡en veinte año!

La lágrima

Los acabo de ver entrar a esta sala con un desparpajo total. Como si él no fuese él, ni yo fuese yo, ni ella fuese ella.

De la manito, como dos párvulos. Y tienen más de cuarenta abriles.

¿No hay vergüenza? ¿O no hay piedad?

¿Qué han querido hacer conmigo? ¿Papilla?

Nada. No han logrado ni moverme un pelo. Y no es porque sea pelado, sino porque tengo garra.

Me aguanto. Que estas cosas hay que aguantarlas.

Son como el vendaval. Arrasan. Pero si uno tiene temple, deja pasar la tormenta.

¿De dónde debo suponer que vienen? ¿De misa?

Seguramente están aquí para ver si todavía respiro.

¡Que me miren!..., estoy de pie. Quc no soy el único al que no le cabe el sombrero. ¡Si es por eso que ya nadie lo usa!

Bendito sea el amor de las parejas para toda la vida.

Porque la vida es corta y hay que reponer una media naranja si uno..., todavia está caliente, digo, vivo.

Ahora que he sufrido la experiencia extrema, me voy a proponer conseguir una nueva pareja 2015.

Y si viene con siliconas, mejor.

Ya no me preocupa el qué dirán ni las orejas paradas.

No me importa si pesa de más o de menos; sólo que tenga billetera abierta, que cerrada ya no aguanto.

Me subieron todo, como a todos. Estoy colgado de una rama, y ni alcanzo a pagar la cuota del gas.

Estoy cansado de comer todo frío. No caliento ni la sopa.

Porque la luz también está por el techo. Así que apago la luz... y a soñar...

A soñar... con la mujer perfecta, trabajadora, con plata en el banco y en la cartera. Que pueda pagar sus gustos y los míos.

Que cocine y lave, como debe haber aprendido de sus abuelas. Que no le dé por salir de noche, pero que vaya a trabajar de día.

Que me deje descansar y dormir hasta la hora que quiero, y que me traiga el desayuno y el diario cerca de la cama, antes de irse, para cuando despierto.

Por mi parte estoy dispuesto a hacerle el amor, aun sin ganas, que es todo un trabajo para valorar.

¡Ayyyyy!, estoy triste..., me han dejado tirado como caja de pochoclo en la butaca del cine.

Tengan ustedes cuidado que no les pase lo mismo. ¡Que no es agradable ver pasar el amor en brazo de otro!

Es como si un barrilete se fuera en el viento. ¡Ayyyy! ¡Me da la lágrima!

Pero no se preocupen..., no todos lo *stand up* hablan de lo mismo.

¡Que se diviertan, mi ex, el nuevo... y ustedes!

OBRAS COMPLETAS

La percha

ACTO ÚNICO

Cámara negra. Cubos móviles de distintos tamaños sirven como mesa, sillas o escalones. Un espejo en el lateral y un cesto con útiles. Los actores arman y desarman la escenografía en cada cuadro, pero siempre forman el mismo living.

ESCENA PRIMERA

CUADRO PRIMERO

ESTRELLA Y ASTOR

ESTRELLA: (*Entra magníficamente vestida de largo. Lleva peluca, alhajas y estola de piel. Se dirige hacia bambalinas como si la aplaudieran; sus gestos son grandilocuentes y afectados.*) ¡Gracias! ¡¡Gracias!! ¡Son divinos! ¡¡Un amor!! ¡¡¡Un aamooorrrr!!!

ASTOR: (*Luce un elegante esmoquin) Reúne todos los atributos de un galán venido a menos. Se dirige a* ESTRELLA, *molesto.*) ¡¡Terminala!! ¡¡No hay nadie!!

ESTRELLA: ¡¡Shhhh!! ¡¡Silencio!! (*Espía hacia la imaginaria puerta de calle.*) Nunca se sabe. La vecina, al menos, tiene la oreja parada.

ASTOR: (*Se desparrama sobre un cubo como si éste fuese un sofá.*) ¡¡Ahhhh!! (*Revolea un zapato.)* Y yo los pies... ¡como albóndigas!

ESTRELLA: (*Repara en el gesto de* ASTOR *y se escandaliza. Grita alarmada.*) ¡Astooorrr!

ASTOR: (*Se incorpora de un salto.*) ¿Qué pasa?

ESTRELLA: ¡El esmoquin! ¡Hay que devolverlo sin arrugas! ¡Nos van a cobrar la tintorería!

ASTOR: (*Harto.*) ¿Para qué tuvimos que ir con esta pinta?

ESTRELLA: ¿Y si nos escrachaba la tele? ¿Si nos sacudían los paparazi?

ASTOR: Sacudieron... a los otros...

ESTRELLA: (*Se disculpa.*) ¡Los figurones de siempre! Yo para salir empujé... pero, estaba la loca ésa...

ASTOR: (*La interrumpe.*) ¿Loca? Te pasaste dos horas hablando con 'la loca'. ¡Me dejaste parado en medio de la jauría! (*Ridículo.*) ¡¡El único de esmoquin!!

ESTRELLA: (*Segura. Como una diva.*) En una reunión semejante, hay que ponerse al lado del que tiene cartel, gancho...

ASTOR: (*Se le acerca, quitándose la ropa, desarmado, medio loco.*) ¡Me das pena!

ESTRELLA: ¿Eh? ¿Por? ¿Qué te pasa? (*Se saca la peluca.*)

ASTOR: ¿Adónde querés llegar? ¡Mirate al espejo!... ¡Nunca vas a dejar de ser una partiquina de reparto!

ESTRELLA: (*Lo desafía, ofendida.*) Y ¿vos? ¿Te miraste?

ASTOR: (*Ante el espejo hace poses de galán.*)

ESTRELLA: (*Irónica.*) ¡Pura percha nomás!

ASTOR: (*Se defiende.*) ¿Qué decís? Tengo pose, pinta, buen estilo...

ESTRELLA: ¿Quién creés que te está mirando? ¿Tu mamá?

ASTOR: ¡Siempre me gané la vida como actor! ¡Un éxito de taquilla!

ESTRELLA: ¿Qué taquilla? ¿Qué vida? ¿Ésta? ¿La de comer salteado? ¿La de mentir día tras día diciendo: "Me llamaron", "me va muy bien"? No te llaman ni para decir un bocadillo. ¡Te morís de envidia de los que trabajan en el asco del triunfo fácil!

ASTOR: ¡No te permito! Soy un tipo amplio, dejo hacer ¡y creo en el arte!

ESTRELLA: (*Lo ridiculiza.*) ¿Qué arte? ¿Qué conseguiste? ¿Una frase en doblaje? ¿Hablar en neutro? ¿Rellenar con "la mesa está servida" o mandarte un desnudo a la moda? ¡Lo máximo que lograste fue... un papel de extra en un bodrio de la tele! ¿Eso es arte? ¡No me hagas reír!

ASTOR: Me estás ofendiendo, flaca. ¡Respetá!

ESTRELLA: (*Se achica.*) ¡Se me fue la lengua!

ASTOR: Sos mi mujer... ¿o mi enemigo? (*Más tranquilo.*) ¡Está bien!

(*Los dos continúan desvistiéndose en silencio.*)

ESTRELLA: (*Pierde toda figuración; desgreñada y descalza, irrumpe.*) ¡No se puede hablar con vos! (*Se hace la víctima.*) Yo más no puedo hacer... ¡Está bien! ¡Tenés razón! ¡Metí la pata! En vaquero y zapatillas la hubiéramos pegado ¿Quién hubiera podido imaginar que para llamar la atención en una fiesta, ahora hay que vestirse como todos los días?

ASTOR: (*Se le acerca.*) Si me comprendieras un poco...

ESTRELLA: En algunos momentos decís que te entiendo... que soy única...

ASTOR: ¡No mezcles! (*Se aleja.*) Hablo de lo que nos pasa, de la hambruna que tenemos. Hace un año que juntamos las monedas para alquilar esta ropa de bacanes... y estamos comiendo salteado... ¡Me pedís cada cosa! Te falta sentido de la realidad... (*Remarca.*) Te cuesta interpretar....

ESTRELLA: ¿Me falta interpretar?... ¿A mí? ¿A una actriz? Si yo no interpretara... ¿Qué clase de actriz sería?

ASTOR: La que sos, Estrella, ¡la que sos!

ESTRELLA: ¡No me llames, Estrella! ¡Maldito nombre me puso mi mamá! ¡Me sepultó de entrada! Las estrellas son fugaces, bólidos, aerolitos...

ASTOR: Tendrías que haber nacido en Hollywood...

ESTRELLA: ¿Por qué, no? ¿Y por qué te fijás tanto en mí? ¿Acaso a vos no te encajaron Astor?

ASTOR: ¡Veleidades de la vieja!

ESTRELLA: ¡Una de tantas!

ASTOR: Quiso tener un hijo astro... ¡Lo intentó! Me llevaba al conservatorio...

ESTRELLA: Te seguiría llevando si yo no hubiera roto el cordón...

ASTOR: (*Se saca el pantalón, lo revolea hacia el cubo que oficia de cama.*)

ESTRELLA: (*Repara en el gesto de* ASTOR.) ¡No! ¡No arrugues el pantalón! Usá la percha...

ASTOR: (*Irónico.*) ¡Sí, mamá! (*Acomoda la ropa en el perchero; luego se sienta frente al público en calzoncillos, derrumbado.*)

ESTRELLA: (*Lo observa y se le acerca.*) Ahora que te veo así, al natural... ¿me podés decir la verdad?

ASTOR: (*Desafiante.*) Siempre digo la verdad...

ESTRELLA: ¿Estamos en la lona?

ASTOR: ¡El país está en la lona! ¿Qué novedad es la nuestra? Pobres y recontrapobres, hambre de bocas sin dientes.

ESTRELLA: ¡No sigas! ¡Es terrible!

ASTOR: (*Se incorpora.*) Terrible es tu nube de gas... por no decir...

ESTRELLA: (*Pausa.*) ¿Por qué sos actor?

ASTOR: (*Luz al rostro. Ingenuo.*) No sé hacer otra cosa.

ESTRELLA: (*Explota.*) ¡Por inútil entonces!

ASTOR: ¿Inútil? ¡No! ¡Soy actor! ¡Puedo crear!

ESTRELLA: ¿Cómo lo sabés?

ASTOR: Me lo dijeron...

ESTRELLA: ¿Quiénes?

ASTOR: Los directores, los críticos...

ESTRELLA: ¿Y el público? ¿Qué te dijo el público?

ASTOR: Bueno... público, público... ¡No tuve tanto público! Sin publicidad, sin cartel, ¿Qué querés?

ESTRELLA: (*Se sienta al lado de* ASTOR. *Sincera.*) Te quiero, pero también te tengo lástima.

ASTOR: (*Se enloquece.*) ¿Lástima? ¡No! ¡Eso sí que no! ¡A mí no me podés tener lástima!

ESTRELLA: ¿Qué pasa? ¿Qué dije? Por favor, Astor, ¡calmate!

ASTOR: ¡Me voy a la mierda si me tenés lástima!

ESTRELLA: (*Cambia de táctica.*) Tenés razón..., ¿qué lástima? Si sos un león, un tigre, un elefante; mirá que brazos, mirá que piernas... ¡mirá que tetas!, ¡mirá que pedazo!

ASTOR: ¡Tampoco es para tanto!

ESTRELLA: Andá a trabajar, mi amor... Vas poder... estoy segura... como changarín algunas bolsas vas a poder cargar...

ASTOR: (*Exagerado.*) ¡Loca! ¡Loca como tu madre! Me ponés el esmoquin y me mandás de changarín.

ESTRELLA: ¿Qué tiene de malo? ¿No es un trabajo honrado?

ASTOR: ¿Y mi esencia? ¿Para qué nací yo? O soy actor o no soy nada.

ESTRELLA: (*Ingenua.*) ¿No podés ser las dos cosas? Digo... como actor... levantá bolsas...

ASTOR: Y vos... ¿por qué querés ser actriz?

ESTRELLA: ¡Soy!

ASTOR: ¿Por?

ESTRELLA: La fama, la guita, las fotos, los admiradores, los viajes... y el arte... el arte...

ASTOR: ¿Qué arte?

ESTRELLA: ¡Escénico! Eso de no ser uno, ser el otro, siempre el otro... y otro... ¡Cuántos!

ASTOR: No tenés fama, ni guita, ni admiradores; no viajás... y el arte, el arte...

ESTRELLA: (*No lo escucha. Se dirige al público.*) No estudié en ningún conservatorio. Me hice solita.... solita. Un bocadillito acá, otro más allá... una pasarela aquí, y otra y otra... (*Decepcionada.*) ¡Todos los papeles que me dieron fueron de vieja! No me dejaron progresar. A vieja hay que llegar después de ser joven. ¿No es cierto?

ASTOR: (*Se incorpora.*) ¿No hay nada para el diente? ¡Tengo un *ragú*! En el ágape ligué un saladito y una gaseosa. (*Se retira.*)

ESTRELLA: (*Sigue. Monologa.*) ¡Sé que voy a llegar! ¡No importa cuándo! ¡Ni siquiera adónde!

Me prometieron participar de una audición para hacer un aviso publicitario. Algo es algo... pagan bien... Sólo tengo que mostrar una toallita higiénica "Siempre limpia", sin uso, por supuesto.

ASTOR: (*Vuelve, trae una manzana.*) Hay dos manzanas... una picada...

ESTRELLA: (*Sentencia.*) ¡Siempre hay una picada!

ASTOR: ¡Tirala!

ESTRELLA: ¿Estás loco? ¡Cortale el pedacito, nada más!

ASTOR: ¿Vos creés que todo se arregla así?

ESTRELLA: ¿Por qué no? Siempre hay algo podrido, en el mundo, en casa, en nosotros...

ASTOR: ¿Qué querés decir?

ESTRELLA: ¡No somos santos, Astor! Pasamos la vida simulando y disimulando...

ASTOR: Dame un ejemplo.

ESTRELLA: Juntados no quiere decir casados... casados no quiere decir enamorados...

ASTOR: ¿Te hace falta la papeleta? Vamos para atrás, como el cangrejo.

ESTRELLA: ¿Y las responsabilidades?

ASTOR: Teleteatro en casa ¡no!

ESTRELLA: ¡Vos sos de los que se quedan tranquilos dándole el asiento a una embarazada!

ASTOR: ¡¡Sos un plomo, che!!

ESTRELLA: (*Fatalista.*) ¡Vivimos de la fantasía!

ASTOR: ¡Basta!

ESTRELLA: (*Sigue.*) Con el grupo del arte se nos está piantando la vida sin hacer algo por alguien, y seguro alguien necesita de nosotros.

ASTOR: ¡Pará la mano, querés!

ESTRELLA: Echás siempre la culpa afuera. No te hacés cargo de nada. Te quejás siempre, hasta de mí te quejás, ¡que junto un mango haciendo tortas! Si no fuese por el chocolate que derrito con mi propia bronca, ¡no tendríamos ni manzanas podridas que comer! ¡Hacé algo, viejo! ¡Rebuscátela!

ASTOR: ¡Todas son facturas! ¡Mirá cómo termina nuestra soñada noche de fiesta! ¡Nuestra velada de luces! ¡Nuestra noche de percha!

ESTRELLA: Te amo y te odio.

ASTOR: Tengo mis errores y mis virtudes, soy igual que todos.

ESTRELLA: (*Se pone un batón gastado.*) A veces, creo que entendés más a tu amigo el colectivero, que a mí.

ASTOR: (*No la escucha.*) Vamos vieja, largá la lágrima... hay que seguir... y tan mal no nos va, otros... ¡minga tienen una noche de fiesta! (*La seduce.*) Andá dale, calentá la polentita de ayer... sin queso, porque ya me lo comí; echale aceite... y después... nos vamos a la camita, ¿querés?

(*Apagón en la sala. Suben compases de tango.*)

ESCENA SEGUNDA

CUADRO SEGUNDO

RAMÓN (el colectivero) y JUANA (su mujer)

JUANA *viste de entrecasa, muy desaliñada. Mueve todos los elementos de lugar, y finalmente pone todo igual. Se escucha un fuerte bocinazo. Mira por una supuesta ventana hacia la calle.*

JUANA: (*Avisa a* RAMÓN.) ¡Ya vino!

RAMÓN: (*Desde el interior.*) ¡Decile que ahora bajo!

JUANA: ¿No vas a tomar un mate?

RAMÓN: (*Aparece despeinado, subiéndose los pantalones.*) Llevo el termo.

JUANA: Pero, ¡che! ¡Ni tiempo para un porongo!

RAMÓN: ¿No te dije que cambié de línea? ¡Tengo que hacer buena letra!

JUANA: (*Agorera.*) ¡Si seguís así vas a cambiar hasta de mujer!

(*Efecto: bocinazo.*)

RAMÓN: ¡Dale! ¡Decile! (*Se peina frente al espejo.*)

JUANA: (*Resignada.*) ¡Está bien! (*Abre la imaginativa ventana y grita.*) ¡Yaaa baajjaa! (*Impresionada.*) ¡¿Eh?! ¡¿Ehhhhh?!

RAMÓN: (*Se vuelve hacia ella.*) ¿Qué pasa?

JUANA: (*Alarmada.*) ¡Es una mujer! ¡El colectivero es una mujer!

RAMÓN: ¿Qué tiene? ¡Se gana la vida como yo!

JUANA: ¿Qué vida? ¿Comiendo salteado mientras te hervís los riñones y el trasero en el asiento del colectivo?

RAMÓN: ¡Es mi laburo! ¿Adónde querés que lo ponga?

JUANA: (*Pone agua en el termo.*) Tenés razón. Se me fue la lengua.

RAMÓN: (*Se le acerca.*) Cuando nos conocimos... te pareció bien todo lo mío...

JUANA: (*Esperanzada.*) Si me comprendieras un poco...

RAMÓN: ¡Mirá que sos difícil!... ¿Qué más querés de mí?

JUANA: ¡Laaarrrgga las miiinaas! ¡Ahora una colectivera!

RAMÓN: Pero no, muñeca... ¡Ésta es una laburanta como yo! Lo que pasa es que cambié de línea... y me tiene que enseñar el "recorrido".

JUANA: ¿El recorrido?, ¿a vos? ¡Si ya llegaste a la Quiaca!! ¡Nooo, Negro! A mí, con ésas, ¡Nooo! (*Se le acerca. Trata de contemporizar*) Soy tu mujer... te aguanto. A mí también me gustó caer en tus garras. Tenías una percha, unos brazos... unas piernas... ¡un pedazo! Pero, ¡che!, tenés cincuenta pirulos... ¡Aflojá!

RAMÓN: (*Trata de conformarla.*) Pero sí, viejita... ¡ya aflojé! ¡Te banco solamente a vos! ¡Creelo! Lo que pasa es que cuando vuelvo a casa, reventado, ¿sabés? lo único que quiero es morfar y apolillar.

JUANA: ¿Para eso te espero como una santa?

RAMÓN: Vos tenés que cuidar la casa, los pibes...

JUANA: ¡Ya no hay tantas minas como yo, Ramón! De las que lavan y planchan... de las que se quedan en casa yugando... ¡Y lo hago por vos!, porque quiero tenerte, pero te piantás... vos siempre te piantás.

RAMÓN: ¿Y los domingos?

JUANA: ¿Cuáles? ¡Los de Pascua! (*Resignada.*) ¡Una vez al año, Ramón!

RAMÓN: ¡Por lo menos no es una vez al siglo!

JUANA: ¡Eso no hay quien lo aguante!

RAMÓN: ¡No te quejes! ¡Por lo menos tenés quien te rasque la espalda! ¡Pensá en la vecina! ¡Ésa se la pasa con la oreja parada a ver si pesca algo de la vida! ¡Se conforma de lejos!

JUANA: No cambies el tema, Ramón. ¿Por qué no me contestás con la verdad?

RAMÓN: ¡Dale! Como si fuera un podrido. ¡Terminala!

JUANA: (*Arremete.*) ¿Porrr queeé te gustan tantos las minas? ¿Por qué?

RAMÓN: (*Luz al rostro. Confiesa como un niño.*) Me gustan porque... no tienen olor a nafta... ni a pescado... ¡No sé! ¡Se bañarán a cada rato! ¡Están siempre arregladas! ¡Vos no te conseguís ni una muestra gratis de perfume, che!

JUANA: (*Se huele; compara su ropa con tristeza.*)

RAMÓN: No las despeina ni el viento. (*Se entusiasma.*) Son diferentes. ¡Claro! ¡Me gustan porque donde las encuentro, siempre tienen olor diferente!

JUANA: (*Descalificada.*) Y yo... ¿no soy diferente?

RAMÓN: ¡No! Vos sos vos. No tenés misterio. Te *juno.* Vos sos Juana, ¿entendés?

JUANA: (*Sorprendida.*) Y vos... ¡sos Ramón!

RAMÓN: ¡Claro! ¡Por eso! Te *juno* y me junás. ¿Qué más querés?

JUANA: Que no nos conociéramos ¡Eso quisiera! (*Luz general.*)

RAMÓN: ¡Dale! Nos conocemos... ¡Nos conocemos!

JUANA: ¡No! Vos todavía no sabés lo que me gusta. (*Repara que* RAMÓN *no la escucha.*) ¡No te intereso! Me confundís con la escoba, con una plancha; soy un plumero.

RAMÓN: (*Se aventura.*) ¿Por qué no te buscás un laburo, vos?

JUANA: (*Otro bocinazo.*) ¡Sííí! ¡De colectivera!

RAMÓN: ¿Por qué, no? ¿No te gustan los riñones asados?

JUANA: (*Sonríe, trata de conformarse.*) ¡Estúpido! Andá, ¡llevate una manzana!

RAMÓN: ¡Que no sea la picada!

JUANA: (*Trae una manzana.*) No. La picada me la como yo.

RAMÓN: ¡Está bien! No hay que tirar nada. (*Remeda.*) "Con lo que se tira en la Argentina...".

JUANA: (*Lo interrumpe.*) ¡Andá...! ¡Andá a aprender el recorrido!

RAMÓN: (*Canchero.*) No te preocupes. Lo que yo tengo de bueno... ¡es que los recorridos los aprendo rapidísimo! (*Mutis. Bocinazo.*) ¡Ya voooyyyy!

JUANA: (*Desolada, se sienta y confiesa.*) ¡Estoy podrida! ¡De todo! ¡De la casa! ¡De él! (*Reflexiona.*) ¿Por qué no me enganché con aquel actor? ¡Qué percha que tenía, mamita! ¡Por lo menos que a una le quede algo! ¡Éste no me deja nada! (*Transición.*) ¡Ni diez mangos por día me deja! Yo camino para comprar barato... y él se gasta todo con la primera que pasa. (*Pausa. Pregunta hacia el público.*) ¿Por qué seré tan estúpida? (*Se decide.*) ¡Voy a ir al psicólogo! ¡En la obra social de los colectiveros debe haber alguno, ¿no?! Nunca quise hacer caso, pero si no me cobra y me arregla el embrollo que tengo en el mate... ¡Vale la pena! En una de ésas... todavía estoy a tiempo ¡y puedo cambiar de percha!

(*Apagón. Suben compases de un tango.*)

ESCENA TERCERA

CUADRO TERCERO

DR. PIANTA Y MARÍA

Aparece el DR. PIANTA. *Porta una paleta de tenis y una pelotita. Juega. Por último se decide a acomodar todo. Se sienta.*

PIANTA: (*Viste con un delantal, de cuyos bolsillos asoman órdenes de consulta. Ordena y desordena papeles.*) Hoy... ¡estoy perdido! ¡Me zumba la cabeza! ¡Debo tener más de treinta y ocho de temperatura! ¡Estoy recaliente! (*Fastidiado*) ¡Otro día de consultorio! Otro desfile de colesterol y glucosa... ¡De los triglicéridos y aminoácidos! Todos fuera de compás. ¡El psicoanálisis! Revolución y estrés de las grandes ciudades: el humo, la paranoia, la artritis y el reuma, los gonococos, el sida, la amigdalitis, la faringitis, el asssmaaa! (*Se incorpora y juega.*) Alcoholismo, drogadicción, ¡cigarrrilllllooooooo! Humo. (*Repite*) ¡Estoy perdido!... ¡Qué calentura! (*Deja de jugar. Arregla su presentación. Define, dirigiéndose al público.*) ¡Percha correcta! (*Ordena.*) ¡Adelante el primero!

MARÍA: (*Figura ridícula, tímida.*) Permiso, doctor...

PIANTA: (*No la mira.*) ¡Siéntese!

MARÍA: (*Obedece, tímida.*)

PIANTA: (*Saca formularios del bolsillo; algunos de ellos caen al suelo. Rezonga.*) Formularios, órdenes, bonos... ¿De qué obra social es?

MARÍA: Equis, equis.

PIANTA: (*Sigue sin mirarla. Escribe y masculla.*) ¿Equis, equis?... Es nueva... ¿Trajo la autorización?

MARÍA: (*Le entrega un montón de hojas.*)

PIANTA: ¿Qué me da? ¿La guía telefónica?

MARÍA: (*Segura.*) ¡Todo en orden! ¡Todo en orden!

PIANTA: (*Sigue escribiendo.)* ¡Está bien! ¿Qué le pasa? ¿Nervios? ¿Climaterio? ¿Menopausia? ¿Hígado? ¿Divertículos? ¿Incontinencia?

MARÍA: No, doctor... yo estoy triiisteee ¡Nada más!

PIANTA: ¡Y nada menos! ¡Como para no estar triste! (*Se confiesa.*) Hoy... ¡estoy perdido! ¿Qué le parece la vida que llevamos? Yo, no paro... no sé si hay sol o llueve, a mi mujer no la veo, y si me es fiel es un milagro... A usted... ¿le pasa lo mismo?

MARÍA: ¡No! Yo tengo tiempo libre. Es que... mi marido...

PIANTA: (*Recién la mira.*) ¿Se le fue el coraje? (*La intimida.*) ¿No la toca? ¿Impotencia? ¿Eyaculación precoz? ¿De quién es el problema? ¿De usted o de él?

MARÍA: Creo que se cansó de mí. ¡Estoy envejeciendo! Necesito unas vitaminas, algo que me saque... ¿vio? Estoy... ¡planchada y triste!

PIANTA: (*Se incorpora.*) ¿Cómo se cree que me siento yo? Hoy estoy perdido. ¡Recaliente!

MARÍA: (*Asombrada.*) ¡¿Usted, también?!

PIANTA: Mi vida no es más mi vida. Me acuesto y ¡zas! ¡El teléfono! ¡Alguien que se acordó de mí antes de morir! (*Embalado*) Entro al hospital a las seis, tomo café todo el día. Me mantengo con sanguchitos... Problemas, enfermos, operaciones, *bypass*, colon irritable, osteoporosis, una pierna, un brazo, una hernia... ¡Lo que venga! ¡Rápido! (*Desarmado.*) ¡El único que no tiene derecho a enfermarse es el médico! Y yo... hace mucho que estoy enfermo, ¡Muy enfermo! ¡Hace años que quiero ir a un psicólogo! ¡Pero tengo que pagarle! ¿Con qué? (*Agarra un montón de formularios.*) ¿Con esto?

MARÍA: (*Condolida.*) ¡Poooobre!

PIANTA: ¿Sabe qué tengo que hacer? ¡Cambiar de percha! ¡Ésta no va más! Yo cuido a todos, y a mí... ¿quién me cuida? (*Llorisquea.*) A veces, creo que un colectivero la pasa mejor que yo. ¿Y los actores? ¿Qué me cuenta de los actores? ¡Ésos sí que la pasa bien!

MARÍA: (*Intenta hablar.*)

PIANTA: ¿Cuándo viene algún agradecido? "Gracias, doctor, por salvarme. La próxima vez no voy a esperar estar reventado para venir a verlo...".

MARÍA: (*Gesto anterior*).

PIANTA: ¿A usted le parece que para subsistir tenga que atender cinco obras sociales? ¿Sabe cómo estoy? ¡Controlo más las planillas que a los enfermos! (*Revuelve* *los papeles.*) Si me atraso en una consulta, se me acusa de no atender en horario... y si mando a uno a una interconsulta... ¡Bue...! ¡Todo un problema! Yo las especialidades las respeto... soy médico clínico... (*Se neutraliza. Sentado*) Usted... ¿qué tiene?

MARÍA: (*Explota.*) Estoy planchada y ¡triste!

PIANTA: (*La mira atentamente; reflexiona.*) ¿Tiene pelotita?

MARÍA: ¿Ehhhhh?

PIANTA: Yo para no estar así, caído... agarro la raqueta y corro atrás de la pelotita. (*Acciona.)* Agarre... agarre... (*Cambia súbitamente.*) ¡A mí me respeta todo el mundo! Voy a todos los seminarios y congresos, donde sea y como sea... me pongo la etiqueta y me actualizo... ¡Lo hago todo con mi propio esfuerzo! Usted cree... ¿que a mi mujer le importa? ¡Noooo! (*Irónico.*) Ella la pasa bien; tiene su club, las amigas... y alguno que otro "trabajito"" para cubrir las horas extras. ¡Yo la dejo! ¡Total! ¡La manzana picada está en todos lados! (*Transición.*) Usted... ¿qué tiene?

MARÍA: (*Desinflada.*) ¡Yyyyyyyyy!

PIANTA: (*La corta.*) Vamos a ordenar los análisis de rutina. Dígame... ¿orina mucho?

MARÍA: (*Ante cada pregunta hace un gesto cómico.*)

PIANTA: ¿Mueve bien el intestino?

MARÍA: ¡Yyyyy!

PIANTA: ¿Cómo duerme? ¿La memoria? ¿Pies fríos? ¿Calambres? ¿Las manos? ¿Tose? ¿Escupe abundante?

MARÍA: (*Intenta responder.*) Yooooo...

PIANTA: (*La interrumpe entregándole una orden*) Cuando tenga los resultados vuelva por aquí. Y no se aflija... de lo suyo no se muere nadie...

MARÍA: Gracias, doctor, pero... deme un consejito... ¿qué puedo hacer para no estar tan caída?... para llamar la atención de mi marido... ¿Qué tengo que hacer, doctor?

PIANTA: (*Piensa.*) Usted... ¿tiene raqueta?

MARÍA: (*Desconcertada.*) Creo que sí...

PIANTA: Si tiene, me llama y vamos a jugar un partidito juntos.

MARÍA: (*Ingenua.*) Usted cree que con eso...

PIANTA: No hay nada mejor que jugar a la pelotita. (*La despide.*) Hasta pronto. (*Solo, juega a la rayuela, al público, sonríe*) Los tengo a todos esperando. (*Ríe y se corta abruptamente.*) Un psicólogo diría que estoy loco; por eso... tampoco voy al psicólogo. (*Pícaro.*) Aunque si fuese una psicóloga... ¡me aguantaría cualquier cosa!

(*Levantan compases de tango.*)

ESCENA CUARTA

CUADRO CUARTO

DOLORES (psicóloga) y FERNANDO (profesor de tango)

Entra DOLORES *y ordena el lugar. Coloca algunos almohadones en el suelo. Está disgustada.*

DOLORES: ¿A cuántos psicópatas, esquizofrénicos y maniáticos atenderé hoy? Cada vez hablan más, ¡y cada vez tengo menos ganas de escucharlos! Dichosos ellos que les pongo la oreja. ¡A mí ni mi marido me aguanta! ¡El fresco de mi consorte! (*Lo ridiculiza.*) ¡Nos morimos de hambre con el sueldo del "profesor de tango"!

FERNANDO: (*Entra muy aplomado.*) ¡La puerta abierta!

DOLORES: Profesor, le recuerdo que éste es un consultorio... no una cárcel...

FERNANDO: Consultorio... sin pacientes...

DOLORES: Llegaste vos; con el rollo que tenés podes ocupar todos los turnos.

FERNANDO: Un día te va a entrar uno con flor de *bufoso.*

DOLORES: Siempre atado a los miedos. Hacé caso, sacá turno.

FERNANDO: No tengo "asunto".

DOLORES: Uno no, tenés una pila de "asuntos". ¿Querés la lista?

FERNANDO: ¡No empieces!

DOLORES: Claro... ¡vos siempre querés terminar lo antes posible!

FERNANDO: (*Trata de seducirla.*) ¿No te gusta más lo mío?

DOLORES: Me gusta tanto... ¡que te lo regalo!

FERNANDO: ¿No estás contenta?

DOLORES: ¿De qué puedo estarlo? ¿De vos? ¿De la vida que llevamos?

FERNANDO: Hablá más bajo. ¿Te olvidás que la vecina tiene la oreja parada? (*Pausa. Trata de calmarla*). No te prohíbo nada.

DOLORES: ¡Ése es el error! Pagaría por un hombre que me prohibiera algo. Ése límite la mujer lo necesita.

FERNANDO: ¿Para qué?

DOLORES: ¡Para sentirse contenida! ¿Qué podés entender vos de eso? Si lo que menos te interesa es saber qué te pasa por dentro.

FERNANDO: ¿Qué decís?

DOLORES: Jamás quisiste analizarte. Te asusta saber cómo sos.

FERNANDO: ¡Me estás ofendiendo, Dolores! Respetá!

DOLORES: (*Irónica.*) ¡Claro! No debo olvidar que somos... marido y mujer...

FERNANDO: ¡Porque quisiste! Yo te propuse otra cosa.

DOLORES: Sí... un tiempo y... ¡gracias!

FERNANDO: Si es lo mismo, ahora ¿no te quejás? ¿De qué te sirve lo que estudiaste?

DOLORES: Soy psicóloga... y ¡mujer!

FERNANDO: (*Se desploma.*) ¡Uyyyyy!, ¡Dios mío! ¡Esto es más que un teleteatro! ¡Qué actriz se perdió la escena! Decime, ¿no te explicaron que los psicólogos tienen que psicoanalizarse también?

DOLORES: (*No lo escucha.*) ¡Tengo motivos para quejarme! Nuestro casamiento se ha transformado en un hecho administrativo, y lo que a mí me interesa es tener mi pareja. Alguien que se "meta" conmigo. ¿Entendés?

FERNANDO: (*Trata de apaciguar.*) Vos sos linda, interesante, una gran tipa, ¿sabés? ¡Pero, jodida! Nunca estás conforme... siempre querés otra cosa..., ¡y yo no tengo otra "cosa" para darte! Te conformás ¡o largá!, ¡Animate! Cuando hay una manzana picada, hay que rajarla del montón.

DOLORES: (*Abatida.*) Ya estuve bastante sola. Vos y tu "percha" me hicieron mierda. No me alcanzan ni Freud, ni Lacán, (*Llorisquea.*) ni la puta que lo parió para salir de esto. ¡Estoy más sola que un hongo!

FERNANDO: (*La observa.*) Decime... ¿cómo podés atender a los demás, vos, que estás tan filtrada?

DOLORES: (*Se reconstituye.*) La profesión es otra cosa. Lo que no da más es lo tuyo y lo mío.

FERNANDO: ¿Qué más querés que haga? ¿Que te pegue? Porque todo lo que hago por vos lo ves mal; me considerás "un blando", no sé... no entiendo... Querés vivir pegoteada, chupándome, y la vida no es así. ¿Tengo que explicar esto? ¿Pero qué psicóloga sos? ¿Adónde estudiaste?

DOLORES: (*Decidida.*) ¡Está bien! No aguanto a los fofos.

FERNANDO: Y buscate un duro, entonces, un inflexible, ¡Un Humphrey Bogart! Alguien que no te deje hacer nada, que te contenga como querés. ¡Vos estás loca!

DOLORES: En vez de llenarme ¡Me vaciaste! (*Lo ridiculiza.*) ¡Miren al profesor! (*Remeda.*) ¡Ayyyyy, chicas! "Vino el profe". Y vos... en la pinta, entre las milonguitas, "floripondeándote" ¡como si los años no te aplanaran!

FERNANDO: ¿Qué querés que haga? ¿No es mi trabajo? ¿Te molesto en el tuyo? ¿Digo que lo que hacés es puro verso?

DOLORES: Hacer ver la realidad, ¿puro verso?

FERNANDO: Me lo dijiste siempre. Están los que curan... y los otros...

DOLORES: Estás enfermo, Fernando.

FERNANDO: ¿Enfermo, porque no te estoy atrás? ¿Porque quiero mi espacio? ¿Porque todavía bailo y no molesto a nadie?

DOLORES: Eso es lo que pensás. Sos un "pendeviejo", y no aflojás, ¡Por nada del mundo aflojás! (*Decidida.*) ¡Terminemos! Yo tengo que atender... a otros...

FERNANDO: Mirá, de psicología sé muy poco, salvo lo que pude leer en alguna tapa de libro y lo que me enseñó la vida; a mí el dos por cuatro me alcanza. Te conozco mascarita y me parece... ¡que tenés razón!

DOLORES: Bueno... ¡al fin!

FERNANDO: Sí, lo tuyo es justo. Te sentís sola, amargada... Pensás que te fallé; no hago el amor todos los días. Me duermo en cada una de tus reuniones y, lo que es peor, te dejo hacer lo que se te da la gana. No te "contengo", según decís. ¡Bien! Siendo así... te propongo una salida... ¡la mejor! Buscá tu felicidad. Espero que la encuentres, y que vuelvas a casa contenta después de haberte revolcado como es debido.

DOLORES: ¿Sabés que me das asco? ¿Por qué no te vas? Nada en esta casa te pertenece. Te di todo y ahora te lo quito. Llevate "la percha" nomás, lo único que precisás para seguir creyéndote alguien.

FERNANDO: ¡Está bien! (*Pausa.*) Reconozco que necesitás elegir muy bien tu pareja. Un tipo ideal, ¿no? Alguien que te contenga, que te faje lindo, con o sin verso, pero que te faje. Necesitás un mafioso, y en este país lo vas a encontrar fácil. ¡Chau! ¡Que te aguante uno de pistola larga! Hasta nunca más ver... ¡licenciada!

(*Suben compases de tango. Apagón.*)

ESCENA QUINTA

CUADRO QUINTO

JUSTA Y SEGUNDO

Luz sobre el perchero. Aparece SEGUNDO, *un flor de mafioso porteño, en calzoncillo. Lo sigue,* JUSTA *en salto de cama.*

JUSTA: ¡Qué ganas de molestar!

SEGUNDO: Hay que tocar la trompeta temprano...

JUSTA: A esta hora da ganas de meterte la trompeta en el...

SEGUNDO: (*La corta con un tono uniforme y autoritario.*) Justa... ¿qué decís?

JUSTA: Disculpá amorcito, pero esta vida me está matando. Aquí no se duerme.

SEGUNDO: Tengo que estar atento, me quieren cepillar el trono. Y el "jefe"... ¿quién es el jefe?

JUSTA: Vos, *marron glacé*, vos.

SEGUNDO: (*Revuelve el perchero.*) ¿Adónde está el pantalón gris?

JUSTA: ¿Cuál?

SEGUNDO: En el que me entra la pistola larga...

JUSTA: ¡Ahhh!, lo mandé a la tintorería, lo habían bendecido las palomas.

SEGUNDO: (*Desarmado.*) ¿Y ahora qué hago?

JUSTA: Ponete el cremita.

SEGUNDO: (*Rezonga.*) Siempre lo mismo. Si fuera por vos tendría que ir de overol.

JUSTA: ¡Y bueno! Estás trabajando...

SEGUNDO: Lo mío es más que un trabajo, es una representación. Un "jefe" es casi "el padrino". ¿Entendés? ¿Adónde viste un "padrino" sin percha?

JUSTA: A mí me gustas desnudito. (*Lo corre.*) Sacate el calzoncillito...

SEGUNDO: ¡Salí, loca!

JUSTA: (*Se detiene.*) Vivimos otra época. ¿Quién se fija en la ropa ahora? Cada uno se presenta como puede ¡Y listo!

SEGUNDO: Te equivocás, la percha no pasa nunca; y lo bueno está cuando la pinta que querés dar es la que el otro entiende, porque sino quedás como un perejil, de adorno y al costado. ¿Qué te estoy enseñando a vos, que me engrupiste apenas te vi? (*Se viste con todo. Es un mafioso; se transforma, camina y habla como tal.*)

JUSTA: ¿Qué hacés? ¿No te das cuenta de que das pena?

SEGUNDO: Yo no soy un colectivero ni un médico, soy lo que soy, el que da vuelta la tortilla. ¿Entendés? Yo hago callar al más movido.

JUSTA: Tirá a la basura el látigo, Segundo.

SEGUNDO: ¿Y quién usa el látigo?

JUSTA: El que tiene a alguien abajo, agachando el lomo.

SEGUNDO: (*Carga un revolver chico.*) ¡Mirá con lo que me tengo que arreglar hoy!, una pistolita de cuarta.

JUSTA: Cuando te conocí me dijiste que te dedicabas a la Bolsa.

SEGUNDO: No te engañé. La bolsa o... ¡la vida!

JUSTA: ¿No podrías empezar de nuevo?

SEGUNDO: No, vieja. Ya llegué..., sin título llegué. (*Enojado.*) ¿Te falta algo a vos? ¿Qué más querés?

JUSTA: Quiero otra cosa.

SEGUNDO: (*Se defiende.*) No hay otra. Se toma ésta o se larga.

JUSTA: ¿Y mis sueños?

SEGUNDO: ¡Manzanas podridas!

JUSTA: ¡No, eso sí que no! Yo estoy intacta; la vida no me destruyó.

SEGUNDO: Dejate de joder con tanta pavada. La vieja de la oreja parada se debe estar haciendo una fiesta con tus gritos.

JUSTA: Larga a los muchachos, todavía estás a tiempo...

SEGUNDO: (*Autoritario.*) Bueno... ¡¡Basta!! Si a vos te sacan la calefacción te morís, y me venís a pedir milagros. ¿Sabés cómo crecí yo? En la calle, piba... con hambre, sin una mano en el hombro.

JUSTA: Hay otros como vos que llegaron lejos.

SEGUNDO: Sí, algunos hasta manejaron el país, pero yo ya estoy hecho así. No voy a cambiar, bastante hago en el sindicato.

JUSTA: ¿Quién te puso el nombre Segundo?

SEGUNDO: La vida, piba, la vida. Y vos, tranquilizate. ¿Cuántas minas estarían orgullosas de salir en la tapa de los diarios como vos? Te conocés el país. Que la nieve, que el mar, que las sierras... y ¡te quejás! ¡Ayer comiste langosta! Andá a comprarla sin guita. Vos también tenés tu buen "corso".

JUSTA: Estoy harta, Segundo..., ¡harta!

SEGUNDO: ¡Harta de ser inútil! Andá a laburar...

JUSTA: Quiero ser libre como los pájaros, quiero correr, quiero saltar, quiero abrir la puerta para ir a jugar.

SEGUNDO: (*Inicia el mutis.*) Loca... ¡loca como tu madre!

JUSTA: (*Al público, como un autómata.*) Cuando yo era chica, soñaba con otro futuro. Un marido comprensivo, un intelectual… uno de esos tipos bárbaros que la dejan a una vivir con libertad. Cuando yo era chica, no sabía nada de la mafia; era sencilla, amaba las cosas simples, tranquilas... ¡He perdido el rumbo! ¡Tengo miedo! No sé quién soy en la calle ni en casa. A lo mejor se le dispara la pistolita... ¡y sale el tiro para el lado de la justicia! (*Se horroriza.*) ¿Qué cosas pienso? ¿Qué cosas digo? Necesito limpiar mis pensamientos, necesito ayuda. (*Piensa y enumera.*) A los vecinos no puedo recurrir, están todos sonados. El médico clínico está enfermo, la psicóloga se quiso suicidar. Necesito un apoyo espiritual. (*Recuerda.*) ¡El pastor Fermín! Acaso él... pueda darme una mano.

(*Suben compases de tango. Apagón.*)

ESCENA SEXTA

CUADRO SEXTO

PASTOR FERMÍN y DOMINGA

Luz al rostro del pastor FERMÍN.

FERMÍN: (*Ensaya.*) La mano... démonos la mano. Solamente dando la mano ya estamos en paz. La mano la precisamos todos. El que la da, el que la recibe... Todos somos fuertes al recibir y dar la mano. La riqueza es la de la mano tendida. El amor es producto de una mano generosa.

DOMINGA: (*Luz general al escenario.*) Permiso, pastor Fermín...

FERMÍN: Adelante, hija...

DOMINGA: Gracias.

FERMÍN: Llegás en el momento en que analizo... ¡la mano!

DOMINGA: (*Contenta.*) Lo que me hace falta, ¡una mano!

FERMÍN: ¿Conocés a alguien que pueda dártela?

DOMINGA: ¿Usted, pastor?

FERMÍN: (*Cambia de tema.*) ¿Cómo te llamás?

DOMINGA: Dominga... casada con Pedro.

FERMÍN: Pedro... Pedro... ¿el sifonero?

DOMINGA: Sí, el que le manda el cajoncito gratis.

FERMÍN: (*La corrige.*) Nunca digas lo que regalás.

DOMINGA: Pastor Fermín... ¿me va a dar una mano?

FERMÍN: (*Se le aleja.*) Yo estoy comprometido. Mi servicio es grande; estoy aquí para enseñar a otros a prodigarse.

DOMINGA: ¿Como usted?

FERMÍN: Mi asunto es la palabra y el silencio: el "yo".

DOMINGA: (*Ingenua.*) y... ¿yo?

FERMÍN: Puedo darte consejos. Contame tu vida.

DOMINGA: Pedro, Pastor... los sifones, la vida que llevamos, los afanos, los muertos, la policía, la abuela, los chicos, el embarazo, la depresión, la cerveza, ¡el vinacho! El miedo a todo, ¡a no poder seguir! ¡Pedro, que está desorientado! Yo, que ando nerviosa, las cervicales, los mareos... ¡Antes éramos un matrimonio fenómeno! Siete días, ¡siete veces! Todo andaba bien; la plata de los sifones alcanzaba. ¡Los chicos leían! La abuela contaba cuentos. Él era más él, yo era más yo. Pastor..., ¡tengo ganas de irme a la mierda!

FERMÍN: (*Horrorizado.*) ¡Hija! Estoy para escuchar, ¡y lo que escucho es cada vez más triste! ¡Nadie trae buenas nuevas! El que no tiene problemas... ¡los inventa! La gente anda colgada del alcohol, de la droga, los matrimonios son quincenales. ¡Nadie quiere aguantar nada! (*Analiza.*) Es difícil compartir. Cada uno quiere su campo arado. El jazmín para una sola nariz. (*Arenga.*) La tierra se posee, el cielo se conquista. Lo que te tenés que preguntar, Dolores, hija mía, es, si... por poseer la tierra no estás abandonando el cielo.

DOLORES: (*Medio loca.*) Yo vivo aquí, a la vuelta... en la rotonda, casi Champagnat, y tengo problemas hoy, ahora... y no puedo pensar en las nubes.

FERMÍN: (*Resuelve.*) Te espero el sábado con toda tu familia. Traigan algo para los otros y para nosotros. Todo pasará, cantaremos juntos... ¡Aleluya! ¡Aleluya! Ya verás que tu marido todavía aguanta, y si le ponés un poco de apio y nuez a la comida, se le despertará el indio. Quiero que te vayas tranquila. Tenés que entender todo y conformarte. ¡Conformarte! ¡Ve en paz, hija mía!

DOLORES: (*Conmovida.*) Su palabra me tranquiliza. ¡¡Es un bálsamo!! Gracias, pastor. (*Inicia el mutis.*) ¡Gracias!

FERMÍN: (*La llama.*) Dolores...

DOLORES: (*Se vuelve.*) Sí, pastor...

FERMÍN: ¡Avisale a tu esposo que la soda trae poco gas!

DOLORES: (*Entusiasmada.*) Sí, se lo diré... se lo diré...

FERMÍN: (*Se ubica como al comienzo.*) ¿Una manzana picada es lo mismo que una manzana podrida? Separamos del resto el pedacito, pero si se siente olor a podrido, hay que tratar de averiguar de dónde sale. Vaya a saber, pues...

¡¿quién está podrido en la casa de Dominga?! (*Luz a su rostro.*) La mano. Démonos la mano. Solamente dando la mano ya estamos en paz. La mano la precisamos todos. El que la da, el que la recibe. Todos nos hacemos fuertes al recibir y dar la mano. La riqueza es la de la mano tendida. El amor es producto de una mano generosa.

(*Apagón. Levanta compases de tango.*)

ESCENA SÉPTIMA

CUADRO SÉPTIMO

VECINA DE LA OREJA PARADA

Entra la VECINA *con indumentaria de vieja, y se sienta en el medio del escenario.*

VECINA: Yo no dejé ni un lugarcito de mi vida para el amor. ¡Nada! ¡Nada! Y lo bien que me fue... ¡y que me va!

Se me acusa de ser "la vecina de la oreja parada" ¡Locos! ¡Se me paran solas con lo que escuchan! ¡Nadie está conforme! Pero yo sí... ¡con todo! Mi madre me enseñó a no meterme en nada ¡ni con nadie! ¡Estoy muy bien sola! Si como, como, si duermo... ¡duermo! ¡Para mí no hay parentela que valga! ¡Cosa linda no tener amigos ni parientes! Ni siquiera alguien con quien hablar. Si río... ¡río!... Si lloro... ¡lloro!

Lo bueno es que jamás recibí ni una sola caricia. ¡Y qué bueno! ¡Jamás sufrí un contagio pecaminoso! ¡Qué vida linda la mía! Ya estoy vieja... ¡y no me jodió nadie! ¡Jamás me encajaron la manzana podrida!

Estoy contenta también porque nadie se me acerca, me dejan sola como si fuese una enferma contagiosa. ¡Estúpidos! No saben que tengo cuerda para rato. Total, yo con un pedacito de zapallo, ¡vivo! Y lo que me sobra... ¡lo piso, y me sirve de dentífrico! ¡Cosas que aprendí con los años! No gasto casi nada. ¡No sé cómo a la gente no le alcanza la plata! No voy al cine... no tengo televisor... la ropa la plancho estirándola con las manos y sin lavar...

No uso sal ni azúcar... no tengo ni radio... ¡Total!, ¿para qué? Las noticias las escucho desde la casa de los vecinos, y los sábados, si me quiero divertir un poco más, me corro hasta el balcón y los veo hasta cuando van al baño.

¡Lo que más me alegra son los escándalos! ¡Ayyyy, cómo gozo cuando empiezan las tortas!

(*Atenta al horario.*) ¡Ayyy, Ayyy! Es tardecito... ¡eh! ¡Bueno!... es la hora que llega el político del quinto piso.

Yo creo que debe tener una amante por ahí, porque no me digan que a estas horas sigue dando discursos.

Voy a poner la oreja en la medianera, porque ése trae todos los chimentos del Gobierno... ¡al día! ¡Y no afloja! ¡Ehhh! Éste quiere llegar a tener una banca en Diputados. Y la va a tener... ¡la va a tener!

(*Apagón. Suben compases de tango.*)

ESCENA OCTAVA

CUADRO OCTAVO

ARTURO MATOGROSSO Y PURA (su mujer)

Luz a DON ARTURO MATOGROSSO, *que deja su chalina blanca en el perchero.*

ARTURO: ¡¿Qué sería del mundo sin política?! ¿Qué sería de un país, de una sociedad, de esta misma casa, sin política?

PURA: (*Desde adentro.*) Un oasis... un oasis de felicidad.

ARTURO: (*Reconviniéndola.*) Pero... Pura... ¡no grites! ¿O lo hacés a propósito para que escuche la vecina?

PURA: La vecina de la oreja parada es parte del pueblo, y un político debe darle la atención que merece.

ARTURO: Pura... ¡no me gusta que hables así! ¿Te olvidás que sos la esposa de Don Arturo Matogrosso? ¿Un político de ley a punto de sacar una banca de diputado en las próximas elecciones?

PURA: (*Aparece con ruleros; su ropa es lamentable.*) Jamás me interesó la política, mi querido Matogrosso, te lo dije desde que nos conocimos y te lo repito día tras día. ¡Pero no te entra! Tu cerebro no puede escucharme, está lleno de discursos, ¡De esos que no aguanta nadie!

ARTURO: ¡Vas a terminar siendo la esposa del diputado Matogrosso, y tampoco te conforma!

PURA: ¡¿Cómo me voy a conformar si el diputado serías vos?!

ARTURO: (*Escandalizado.*) Pero, Pura... ¡cada vez me decís cosas más fuertes!

PURA: ¿Te parece? ¡Comparadas con las tuyas son garrapiñadas!

ARTURO: (*Se achica.*) Se puede saber, Purita... ¿en qué te falto? ¿No te gusta la vida que llevamos?

PURA: ¿Cuál? ¿Ésta? ¿La del verso? ¡Y encima sin mandolina! Escuchame, Matogrosso... yo me casé demasiado joven con vos, no me había crecido ni la materia gris, pero después de aguantarte tantos años, me siento hecha crema, hecha pelota. ¿Me entendés? ¿Y todo por qué? ¿Querés saberlo? (*Lo acorrala.*) ¡Por la política!

ARTURO: (*Trata de recuperar su altura.*) La política, Purita, salva la condición humana... la recupera, la arranca de la miseria, de la incultura, del desorden, de la impudicia...

PURA: ¡Cómo te equivocás, petiso! La política, como la vendés vos y otros como vos, nos está rompiendo todo lo que nos queda. ¿Y sabés qué nos queda? ¡Aguante! Nos está rompiendo el aguante.

ARTURO: ¿Qué pretendés? ¿Que no existan los políticos? ¿Que yo no exista?

PURA: Es una buena salida.

ARTURO: ¡Respeto, Pura! ¡Te exijo respeto! ¿O te has olvidado que somos marido y mujer?

PURA: ¡No me lo recuerdes!

ARTURO: ¡Esto es el delirio! ¡Estoy casado con el enemigo! ¡Esto es peor que un discurso de la contra! (*Se transforma.*) Y uno que ha cimentado su vida en el orden, (*Hace melodrama.*) en el hombre y en la mujer. ¡Mujer! (*Discurre.*) Pregunto yo al espacio, al universo, si ustedes quieren... a la medida del tiempo sin tiempo, a ese conjunto de imponderables que se manifiestan en la siniestra figura de los sin nombre, ¿adónde debemos buscar la realidad? ¿Qué tenemos que hacer con la manzana podrida?

PURA: (*Ante la duda de* ARTURO.) ¡Escupirla! ¡No te la vas a tragar!

ARTURO: (*Decidido.*) ¿Y por qué no si es necesario? (PURA *queda atónita.*) ¡Ésa es la diferencia! ¡El punto exacto en que se abre el abismo! (*Exacerbado.*) ¿Y qué hace el político frente al abismo?

(PURA *gesticula su desconocimiento.*)

ARTURO: ¡Piensa! ¡El político piensa!

PURA: (*Intrigada.*) ¿Y qué piensa?

ARTURO: ¿Qué va a pensar? (*Transición.*) ¡Piensa cómo no caer en él!

PURA: (*Desinflada.*) No nos entendemos... (*Confiesa al público.*) Cuando yo era chica soñaba con Superman, leía las historietas del Tony, creía en Mandrake... ¡La policía me ayudaba a cruzar de calle! (*Cambia.*) No cabe duda de que los chicos de hoy, viendo seis horas de tele por día, serán más realistas. (*Pregunta a* DON ARTURO.) ¿Vos creés que nuestros chicos, cuando sean grandes, querrán ser políticos? ¿Habrá alguna idiota como yo capaz de casarse con alguno de ellos?

ARTURO: ¿Idiota? Idiota una mujer dispuesta a ofrendar su vida a un destino desinteresado, al igual que aquellas preclaras mujeres que cimentaron con sus esfuerzos las páginas de nuestra historia, (*Se repite.*) de nuestra historia..., (*Se queda sin discurso.*) de nuestra historia...

(PURA *gesticula como si le diera cuerda, luego hace mutis.*)

ARTURO: (*Arranca.*) Presente en el presente histórico de nuestro pasado, permanente, invariable, sostenido. Humildes y esforzadas mujeres que se consagraron a la mansedumbre de la sencillez, del recato, del silencio y de la monogamia. A esas mujeres, yo, Don Arturo Matogrosso, un político entregado a lo político, no las llamo ni las llamaré jamás idiotas. Todo lo contrario, las amaré en el concepto más elevado del amor en la humildad. Esa misma humildad donde se mezclan todos: idiotas, fracasados, geniales... todos en el lazo de un país que progresa y seguirá progresando.

PURA: (*Regresa abrochándose un delantal de cocina.*) El bife se pasa. ¿Venís a comer?

ARTURO: ¡Qué pregunta! ¿Cuándo ha faltado un político a un banquete? Y tus cenas son banquetes, mi Purita... (*Mutis.*)

PURA: (*Al público, sincera.*) ¡Habla de hambre! ¡Como siempre! ¡Pienso que si le hubiese salido un puestito con dependencia la terminaba con esto de la política! Pero yo a esta altura me conformo. ¡Al fin de cuentas no es malo mi Arturito Matrogrosso! ¡Y en una de ésas se le hace, y resulta diputado! Mal no me vendría el cambio. ¡Una mejor percha! Tendría algo que hacer... lo acompañaría a las reuniones, a los festejos..., porque éste no tiene nada de los Alfredo, digo... de Palacios o de Bravo ¡Noooo! Al mío sólo le interesa figurar. De los grandes, de los que hicieron y hacen obras, política en serio, ¡no tiene nada de nada!

ARTURO: (*En* off, *llama.*) Puriiita... prepará más papas fritas, ¿querés? Y si tenés un huevito, ponelo también... ¿querés?

PURA: (*Pletórica*) Sí, Superman, ¡ya voy!

(*Apagón. Suben compases de tango.*)

ESCENA NOVENA

CUADRO NOVENO

FULGENCIO Y PETRONA (su mujer)

FULGENCIO *entra desarreglado, con los bolsillos dados vuelta.*

FULGENCIO: ¡Nada, nada! ¡No traigo ni un podrido mango! Y ahora... ¿qué le digo a la patrona? ¡La vieja está que revienta! Hace meses que la engrupo... ¡y nada! ¡No sale ni a los premios el diecisiete! A la quiniela, ni cinco; a los burros, menos; en la "rula" desapareció del paño; y en el bingo... ¡me queda en pantalla! Qué mala suerte... ¡che! ¡Pero yo cualquier día doy el sartenazo! ¡Y bue!... ¡todo me pasa por nombrar al "jettatore" de "Méndez"! ¡Ahora, hay que apechugar y hacer de cuenta que no pasa nada! (*Silba.*)

PETRONA: (*Entra; su aspecto da lástima.*) Llegaste ¡Fulgencio Díaz!

FULGENCIO: Llegamos, Petrona... llegamos...

PETRONA: ¿Quééééé? ¿Trajiste a otro? ¡Mirá que no hay nada en la heladera!

FULGENCIO: (*Trata de seducirla.*) ¡Noooo!, mi Petronita! Esta noche, solos... como se debe.

PETRONA: ¡Y se debe! ¡Aquí se debe! A todos: almacenero, carnicero, verdulero, diariero...

FULGENCIO: (*En economista.*) ¡Los diarios hay que suprimirlos! ¡Total, por las noticias que traen!... Con salir a la calle, te enterás de todo..., afanos, secuestros, violaciones, asesinatos, suicidios... ¡Linda época!

PETRONA: (*Lo interrumpe.*) ¿Trajiste?

FULGENCIO: (*Se hace el desentendido.*) Qué... ¿necesitás algo?

PETRONA: (*Muestra su aspecto.*)

FULGENCIO: (*Empieza el verso.*) Traigo... ¡el milagro!

PETRONA: (*Le cree.*) ¡La pegaste!

FULGENCIO: ¡La alegría!

PETRONA: (*Entusiasmada.*) ¿Cuánto?

FULGENCIO: ¡Más de lo imaginable!

PETRONA: (*Cae sentada.*) ¡Ayyyy! ¡Que me sube! ¡Me sube la presión!

FULGENCIO: ¡Ah!... ¡Nooo, Petrona! ¡Estas noticias hay que saber tomarlas!

PETRONA: ¡Me falta práctica! ¡En esta casa no pasa nada bueno desde hace tanto tiempo! ¡Dale, Fulgencio! ¡Contame!... ¿cuánto ganaste?

FULGENCIO: ¡Todavía no! ¡Pero la cifra que se avecina hará temblar a los acreedores! ¡Seremos ricos, más que ricos! Tengo la fija, el batacazo... ¡El superprode! Pero ¿qué te pasa? ¿No te alegrás? Mañana se nos da la gloria, Petrona... ¡levantá la cara, desarrugá la jeta!

PETRONA: (*Fatal.*) ¡Ahora me doy cuenta por qué tu familia te trataba como una manzana podrida!

FULGENCIO: ¡Te prohíbo hablar de mi familia!

PETRONA: ¡Hablemos de vos, entonces! ¡Pedazo de haragán! ¡Con tal de jugar apostarías a las bolitas! Pero, decime... ¿de qué pasta estás hecho? ¿Por qué me elegiste justamente a mí para hacerme pelota?

FULGENCIO: Pero... ¡che! ¡Ni que te maltratara! ¡Sos mi Flor de treinta y ocho! ¡Mi generala! ¡Mi real envido!

PETRONA: ¡Me tenés harta con el juego! (*Enloquece.*) Loto, Quini seis, Prode, quiniela, chuchos, casino, maquinitas, bingo... Toto Bingo, raspadita...vaquita...

FULGENCIO: Tranquilizate... ¡Vas a explotar!... Al fin de cuentas no vivís tan mal conmigo, ¡che!... ¡Más de una querría vivir en Mardel! ¡Respirar el aire de la Costa Atlántica como vos!

PETRONA: ¡Sos un miserable! Jamás te importaron tus hijos... ¡tu mujer! ¡Para vos es más importante comprar "una vaquita" que un kilo de polenta! (*Llorisquea.*)

FULGENCIO: (*Trata de suavizar.*). La polenta... ¡engorda! Pero ¡Petrona!, ¿por qué nos estamos peleando? ¿Y si ganase? ¿Me creés tan mal bicho como para plantarte por otra en mejores condiciones?

PETRONA: (*Se le abalanza.*)

FULGENCIO: (*La sostiene y la calma.*) No, morocha... ¡no! Te compraría las pilchas más caras, te tendría... ¡como una duquesa! ¡Te alfombraría hasta el lavadero! ¡Lo que pasa es que no me conocés! ¡No sabés que hay un tipo formidable dentro de mí! Un tipo que sueña... ¡Y un tipo que sueña, aunque te cueste entenderlo, es lo más grande que le puede tocar ser a cualquiera!

PETRONA: (*No lo escucha. Va al proscenio y se confiesa.*) Cuando yo era chica, amaba las matemáticas... los números eran mi distracción, mi ilusión... Imaginaba casarme con un hombre que me diera seguridad, dedicado a los números. Sabía que ese hombre iba a poner orden en mi vida.

FULGENCIO: (*Satisfecho, trata de acomodarse.*) ¡Aquí está ese hombre!

PETRONA: (*Sigue.*) Pensaba que las matemáticas regían todos los órdenes de la ciencia, gustaba de la destreza poética del conocedor de álgebra. Un tres era para mí la perfección de un número.

FULGENCIO: (*Acota muy interesado.*) ¡Y no sale hace rato!

PETRONA: ¡Un cinco! ¡Un diez!

FULGENCIO: ¡Te gustaban varios!

PETRONA: (*Trágica.*) Hoy sé que los números pueden destrozar la vida. Sé que arrastran al abandono y conducen a la miseria y al desamor.

FULGENCIO: (*Se achica mientras* PETRONA *se agranda.*)

PETRONA: Un número es la maldición y la deshonra... es la traición y el odio... ¡y el crimen!

FULGENCIO: (*Se asusta.*) Pará, Petrona... ¡pará! ¿Te olvidaste que somos marido y mujer?

PETRONA: A esta altura de la tragedia... ¿qué importa?

FULGENCIO: ¡No! ¡Esperá a mañana! ¡Mañana damos el batacazo, gorda! ¡No te hagas el haraquiri por adelantado!

PETRONA: ¡Mañana es tarde! ¡Hoy quiero el batacazo!

FULGENCIO: Y bueno... ¡dale! ¿A qué jugamos?

PETRONA: Al tren fantasma... y si perdés un peso más te tiro al espacio. ¿Entendés? ¡Con las telarañas! ¡Te dejo para siempre!

FULGENCIO: (*Decidido.*) ¡Nooo! ¡Yo no juego más! ¡No tengo ni un mango!

PETRONA: (*Se conforma.*) ¡Está bien! ¡Andá a lavarte la cara y las manos! A ver si el agua limpia te quita el humo del *escolazo*!

FULGENCIO: (*Obedece como un niño.*) ¡Sí, mamita! ¡Ya voy! ¿Ves que te hago caso?

PETRONA: (*Al público, confesándose.*) ¡Esto es lo que tiene de bueno mi Fulgencio Díaz! ¡Un corazón de pibe que mata! ¡Por eso lo aguanto! ¿Adónde va a ir a parar si lo largo? Hay que pensar en todo... (*Se anima.*) y... además... se le puede dar el batacazo... ¿O no? Mal no vendría el asunto. Un poco de "circulante"..., cosa de tener otra "percha". En realidad, si la pega, se nos arreglan todos los problemas de golpe. ¡O no! Pero... no importaría tanto que jugara unos pesitos... si los tuviera... (*Se conforma.*) Sí, lo único que le hace falta a mi Fulgencio es un poco de plata. (*Canchera.*) De lo demás, tiene de todo y hasta... (*Pícara.*) exagerado, y en los tiempos que corren... ¡que sea "tan cumplidor" y me toque a mí esa suerte, es decir bastante!

(*Apagón. Suben compases de tango.*)

ESCENA DÉCIMA

CUADRO DÉCIMO

VENDEDOR DE FRUTA Y CLIENTA

El VENDEDOR AMBULANTE *entra, trae un cesto lleno de manzanas.*

VENDEDOR: (*Anuncia.*) A las ricas manzanas... verdes y coloradas... (*Se detiene, saca una franela y las hace brillar, mientras dice.*) Así, brillosas, tentadoras, buenas para el mordisco... Porque las manzanas hay que comerlas así... a dentelladas... (*Clamorea.*)

¡A la deliciosa fruta del Edén!... Para comer al natural, hervir... ¡hornear!.. (*Para sí.*) ¡Qué coneja! Si no se vende ni una manzana, ¿quién va a comprar un auto, digo yo? Voy a cambiar el verso. (*En vendedor.*) ¡Combate el reumatismo la manzana! ¡Le da fósforo al cerebro! ¡Pinta los cachetes de las chicas! ¡Da fuerza a los varones! ¡Levanta a las viejas!... ¡Es para el amor la manzana! (*Para sí.*) ¡Me dejaron solo! ¡No se asoma ni una comadre! ¡Qué coneja! (*Se sienta y frota una manzana.*) ¡Ésta brilla como la lámpara de Aladino! ¡Dale, viejo! ¡Hacé que caiga alguno! (*Vuelve.*) ¡A las ricas... jugosas manzanas!

CLIENTA: (*Aparece; es un verdadero "aparato" insoportable*) ¿Me da un kilo?

VENDEDOR: (*Se sorprende al verla detrás de él*) ¿Ehhh? ¡Sí!... ¡Cómo no! ¿Verdes o coloradas?

CLIENTA: ¿A cuánto están?

VENDEDOR: Veinte la colorada, veinticinco la verde...

CLIENTA: ¿Por qué la diferencia?

VENDEDOR: Son dos clases distintas.

CLIENTA: ¿Las manzanas también tienen clase?

VENDEDOR: (*Molesto*) ¡Ah! ¡No! Si tengo que dar una conferencia, cobro el doble.

CLIENTA: ¿Cómo dice?

VENDEDOR: El Mercado Central dispuso... los vendedores ambulantes obedecemos.

CLIENTA: Y nosotros aguantamos... ¡Qué vergüenza! ¡En un país donde la papa crece sola!

VENDEDOR: ¡Éstas son manzanas!

CLIENTA: Es lo mismo... lo que pasa es que... ¡hay tantos vivos sueltos!

VENDEDOR: No se haga problema, mientras pueda comer...

CLIENTA: Comer... ¿Qué? ¡Me tengo que conformar con manzanas! Toda mi vida he consumido *mousse* de chocolate, sambayón a la crema...

VENDEDOR: (*Le muestra una manzana.*) ¡Esto es mejor! ¡No hay como el postre natural!

CLIENTA: ¡Está bien! Deme un kilo. Medio y medio.

VENDEDOR: (*Masculla.*) ¿Y por un kilo tanta bandera? (*Va a poner una en la bolsa; ella lo detiene.*)

CLIENTA: ¡Que sean lindas!

VENDEDOR: ¡Son lindas!

CLIENTA: Digo... ¡que no estén picadas!

VENDEDOR: Picada no es nada...

CLIENTA: (*Sobradora.*) ¿Le parece?

VENDEDOR: La fruta se pica cuando algún pájaro le encaja el pico.

CLIENTA: ¿Me va a decir que picada y podrida no es lo mismo?

VENDEDOR: Y ¡claro! Podrida es cuando la semilla fermenta.

CLIENTA: Usted me quiere "persuadir". ¿Qué, me tengo que comer la manzana picada?

VENDEDOR: Y... ¡si tiene ganas...! ¡No se va a tragar la podrida!

CLIENTA: Mire, usted tiene una manera muy desagradable de atender a la gente.

VENDEDOR: ¿Qué quiere que le diga? ¿Las lleva o no las lleva?

CLIENTA: ¡Por mí que se les pudran todas!

VENDEDOR: Se equivoca, doña. Nada se pudre porque

sí, y mientras yo cuide estas manzanas, van a estar tan buenas como siempre.

CLIENTA: ¡Eso es lo que usted cree! ¡La manzana, la gente, todo se pica, se pudre, y apesta de la misma manera!

VENDEDOR: Se equivoca. Lo que pasa es que usted vive de la "percha". En su mundo seguramente es así. Mire, doña, yo la tengo bien *junada*. Usted vive de la apariencia. Conozco mucha gente como usted, y de aquí cerquita... de este mismo barrio... ¡Son unos cuantos! El mundo está lleno de "percherones", ¡como usted, pura percha, nada más! Si les quitan las pilchas, les queda un corazón con poca pila. (*La clienta lo empieza a escuchar con atención.*) Diga, doña, ¿por qué no junta coraje, manda todo a la mierda y empieza a mirar la vida tal cual es? Digo, lo que está picado... ¡picado! Lo que está podrido... ¡podrido! Largue la percha... vaya sencilla... Si le digo que son buenas las manzanas... ¡son buenas! Empiece a creer en la "otra" gente... La vida es corta, hermana... y no está todo podrido.

CLIENTA: (*Toma su decisión.*) Entonces, ponga dos kilos en vez de uno.

VENDEDOR: (*Arma un nuevo paquete. Vocea.*) ¡¡A las ricas manzanas... verdes y coloradas!!...

CLIENTA: (*Muy cambiada y sugestiva.*) Buen hombre... ¿tiene algo que hacer esta noche?

VENDEDOR: (*Asustado.*) Depende...

CLIENTA: (*Decidida.*) Si viene por casa, preparo estas manzanitas asadas, le hago un *mousse*, un sambayón...

y hasta le regalo ropa de mi difunto... ¡¡y unas cuantas perchas!!

VENDEDOR: Le agradezco la gentileza... pero me gusta más andar sencillo y, de ser posible, a puro cuero... cosa que se me sienta el olor ¿Entiende?

CLIENTA: (*Saborea.*) ¡Olor a hombre! ¡Haaceee bieeen el olor a hombreee! (*Aproximándose.*) Me gustaría ayudarlo. (*Le paga.*) ¡Mire si seré buena!... ¡Quédese con el vueltito!

VENDEDOR: ¡No se moleste! A mí... con lo que siembro... ¡me alcanza y sobra! (*Sonríe irónico.*) ¡Baaah! ¡Es una manera de decir! (*Arremete y se aleja.*) A las ricas manzanas, verdes y coloradas... ¡Combate los achaques del jovato!... Le da fósforo al cerebro...

CLIENTA: ¡Qué desagradecido! Perderse mi *mousse*... de chocolate... ¡Mi sambayón a la crema!... (*Lo despide.*) ¡Ahhhh! ¡Cómo se va la vida!) (*Muerde una manzana, y lamenta el mutis del vendedor.*)

VENDEDOR: (*Desde lejos. Vocea.*) ¡Combate el reumatismo! ¡No hace falta percha para comer manzanaaaasss!

(*Apagón. Suben compases de tango.*)

EN SERIO...

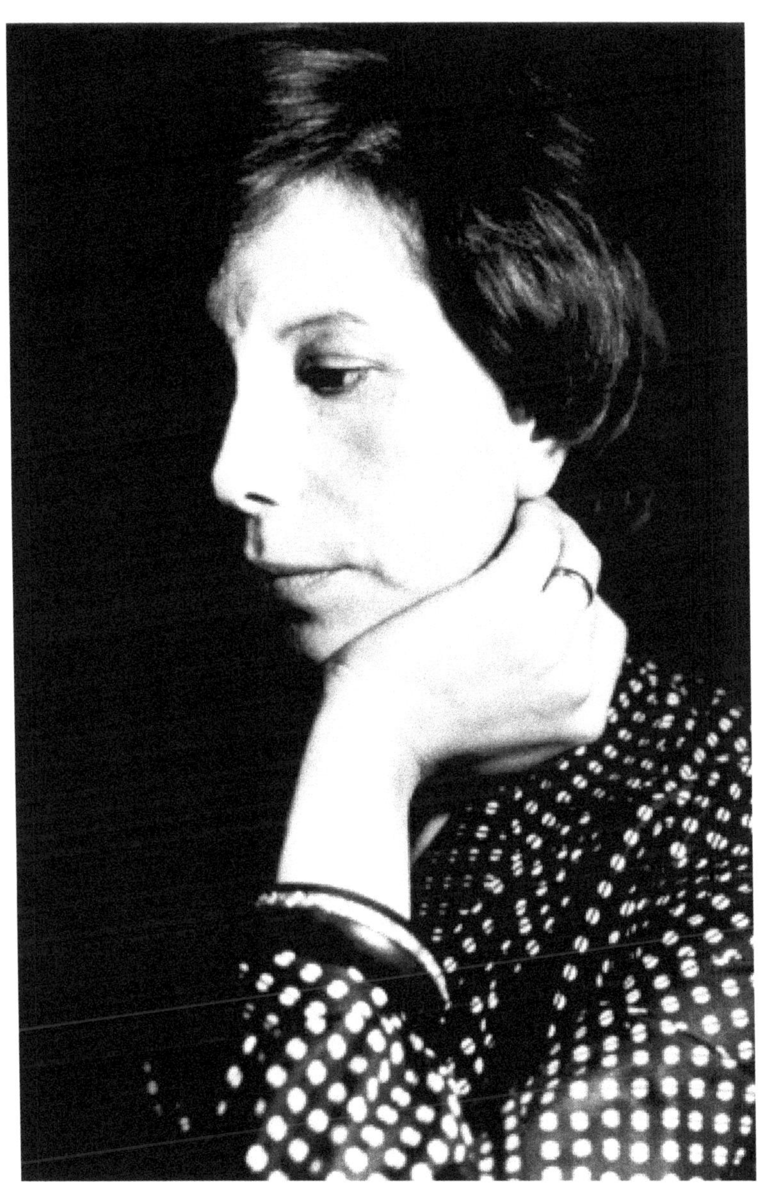

Pobre Cristo

UNIPERSONAL

MONÓLOGO PRIMERO

El escenario presenta cámara negra.

En un lateral, un banco de plaza. POBRE CRISTO *entra en penumbra. Todo lo que precisa lo lleva puesto. Está algo encorvado. Le pesa el arrastre. Calza zapatones rotos, con alguno que otro dedo afuera. Sus pantalones anchos se ciñen con un cinturón de soga gruesa. Se abriga con camiseta y algún tejido roto. Se tapa con un sobretodo mugriento, y lleva otro en su mano derecha. Una bufanda le cierra el cuello y una gorra descolorida le acomoda el pelo. Barba, manos y cara sucia completan su figura, que huele a pobre y pinta el hambre. Se dirige al banco y, con esfuerzo, retira de la parte posterior un pesado paquete de trapos y menesteres propios.*

La escena toma color azul sobre el personaje. Es de noche. TOMÁS *se pone de perfil al público; levanta los brazos al cielo.*

¡Aquí estoy! (*Un fuelle lejano deja oír compases de* El ciruja, *de Ernesto de la Cruz. Luego,* TOMÁS —POBRE CRISTO— *se alegra al encontrar todo cuanto había guardado en su lugar. Revisa sus paquetes debajo del banco. Finalmente, saca del montón una botella de vino. Se dirige al público con filosofía barata.*) ¡Éste es el único banco que no afanan! (*Bebe un trago de vino.*)

¡Ahh! ¡Es bueno estar en casa! ¡Espero que me dejen un buen tiempo tranquilo! Dos por tres me meten en cana por vagancia. (TOMÁS *abre los brazos cada vez que pregunta.*) ¿Para qué? Me miran de lejos... y me preguntan (*Remeda.*) ¿Nombre? ¿Apellido? ¿Edad? ¿Dónde vive?

¡Que pelotudos!... ¿Dónde voy a vivir?

Yo los jodo... porque no les contesto.

Quieren saber mi historia… (*Se golpea el pecho.*) Y ese capítulo, es mío… ¡mío! (*Bebe.*) Cuando se dan cuenta de que no les sirvo ni para llenar papeles, me largan, porque al final les tienen más miedo a las pulgas que a mi vida.

(*Se endereza. Contento. Gira embelesado.*) ¡Y yo estoy vivo! ¡Carajo! ¡Vivo! (*Se cuestiona.*) ¿Vivo? ¿Yo? ¿Estoy vivo yo? (*Pausa. Vuelve al banco. Guarda todo en su lugar.*) ¿A quién puede importarle si me dejaron solo como a un mueble viejo?

(*Rememora.*) Aunque hay una que siempre espera… ¡Claro! ¡Cuestión de negocios! ¡Mi bodeguero! Ése es el único que me banca con tal de que le tire para un librito...

¡Cada vez cuesta más juntar guita! ¡Si nadie larga un mango! ¡Ya no sé adónde ir a sacudir la manga! ¡Qué *ragú*, Dios me libre! (*Pausa larga. Luego explota.*) ¡Suerte que hay muchos como yo! ¡Entre nosotros nos ayudamos! Un cacho de pan alguien liga...

Aunque yo... llegué a la perfección: no siento hambre.

Comer es para los jóvenes... Los atorrantes, a mi edad... sólo le damos al vino..., porque el garguero sin uva no aguanta.

(*Ríe.*) ¡Qué asco le di a la cana! Y mientras revolvía mis cosas, yo me preguntaba: ¿por qué me tendrá asco? Estoy seguro de que ése no sabe que yo soy feliz en mi covacha... que ya caminé todo lo que quería... y hoy quiero fisgonear qué hacen los otros.

(*Se enloquece de golpe.*) ¿O ese pelotudo se creerá que el único que anda tirado soy yo? (*Escudriña.*) Yo sé que hay atorrantes por todos lados. Ricos... y pobres... Porque también hay bien vestidos y de guita. Yo soy de los otros... no hace falta decirlo... (*Se muestra.*) Soy un roñoso de frente alta, y están los otros... los que ensucian la tierra porque se paran sobre ella. ¡Estamos todos! ¡No falta nadie! ¿Por qué entonces el único atorrante parece que soy yo?

(*Se resigna.*) No te calentés, Tomás... ¡no te calentés! (*Acomoda su catrera en el banco. Se conforma.*). De mí, que nadie espera nada... soy menos que la pelusa del aire... ¡Déjenme, que conmigo tengo bastante!... (*Se ubica para descansar.*) Quieto, sin sufrir, sin empujar. Déjenme... ¡Total!, es un rincón del mundo el que necesito... ¡No se molesten! ¡Gracias! (*Ríe.*) Conmigo nadie tiene obligaciones. ¡No! ¡Gracias! Sigan así... No necesito ayuda... Yo sé morir solo... (*Está acostado. Reacciona.*) ¿Adónde puse el tapa culo? (Se tapa con el sobretodo) ¡Ahora sí da gusto!

(*La luz se vuelve noche. Un foco ilumina directo al* croto.)

MONÓLOGO SEGUNDO

Juego de luces. Un foco se le acerca. POBRE CRISTO *se incorpora, asombrado.*

(*Dirigiéndose a la luz.*) ¿Viniste? ¿Otra vez? ¿Ni una sola noche pensás dejarme? Sos... mi luz, y no te quiero. Una pesada luz, igual que mi historia. (*Agotado.*) No te aguanto. Sos la *persecuta*... constante, como mis pensamientos. ¿Para qué necesito recordar? ¿Por qué venía a iluminarme? (*Conforme.*) Yo... llegué adonde quería. ¡Soy casi la nada! (*La luz oscila*). ¿No te gusta? ¡A mí no me importa! (*Trata de esquivar la luz. Luego, se para abruptamente y le grita.*) ¿Crees que nací así, hablando solo, perfumado de mugre y liendres?

(*Discute.*) ¡No! ¡No! Yo salí como todos, de los pétalos de rosa de una madre; chupé toda la teta que quise... y me hicieron "ajó" y "ajá", pero fue rápido; demasiado pronto me arrancaron de los brazos del amor y me largaron a la vida como a una plaza de toros.

(*Sonríe.*) Y en la vida me topé con todos; me clavaron más aguijones que a un animal. Por eso, ahora que conozco a los "matadores", me escondo. ¡Que se vayan a buscar a otro gil! (*Vuelve a dirigirse a la luz.*) ¿Qué más querés que te diga? ¡No me sigas! Odio la luz, porque no quiero que nadie me *june*. (*Embelesado.*) A mí me gusta la noche, las estrellas... el aire puro.

(*La luz se aleja lentamente.* POBRE CRISTO *la retiene.*)

¡No! ¡No te cabriés! Vos hacés bien lo tuyo... y al final sos la única que me aguanta... y no sé por qué...

(*La luz se aproxima y enfoca. El personaje se sincera.*)

Sí... estoy cansado, y tengo una historia... no demasiado diferente a la de los piojosos. (*Vuelve al proscenio.*) Agarré la yeca, la vía, el camino, con ganas. Vivo de lo que junto, de lo que me cae en la mano... Me fumo alguno que otro faso, porque todavía hay de los que pitan la mitad. Me enfermo y me curo con el mismo veneno y (*Divertido.*) "toco" lo que hay que "tocar" cuando me gusta una mina. (*Decepcionado.*) ¡Y cada vez me gustan menos! Me ligo con los míos... ¡La gran familia de los tirados! ¡Los sin techo!, ¡Los parias! Nos juntamos y hacemos unas fiestas bárbaras. Parecemos de cartón. Callados, porque... ¿de qué vamos a hablar? ¡Entre nosotros está todo dicho! ¡Somos de ley y de una sola palabra: vino! (*Ríe.*)

(*Se interrumpe. Mira hacia la luz.*) ¿Alguna vez te preguntaste cuántos "Pobres Cristo" hay en Buenos Aires, en la Argentina, en el mundo?

(*Pausa.*) ¿Y por qué te crees que hay tantos?

Sí... están los muertos de hambre de siempre, y tipos como yo, los que nos largamos a la "yeca", porque no queremos nada de los dueños del "poder y de la gloria"... De ésos que consiguieron paredes propias, con *morfi* y autos propios, los que caminan "con propiedad", sin mirar a los que empujan y tiran al vacío. Los que se salvan, solos, del hambre y de la inmundicia.

(*Orgulloso.*) ¡Yo soy... este *croto*, gracias a Dios! ¡También gracias a Dios!

(*El foco de luz se corre, sale fuera del* croto. *Éste le implora.*) ¡No, por favor! ¡No me dejes!

(*Simple.*) Aguantame... No soy mal bicho... Reconozco mi culpa, la dejadez, mi miseria interior. (*Transición. Grita.*) Te mentí: yo no quise ser esto. (*Pausa. Reflexiona.*) Ahora... todo está bien. Me acepto así... y me valoro.

Soy esta "cosa" que está aquí, algo parecido a la nada... por eso no quiero consejos..., y la gente, la gente se quiere quitar la culpa de que haya *crotos* dando consejos.

(*Enardecido.*) ¿Por qué no se los meten en el culo?

(*Se tranquiliza.*) Yo precisé siempre otro manejo. ¡Ejemplos! ¡Buenos ejemplos! No los tuve y no los pude dar tampoco.

(*Se dirige al público.*) No hubo uno, uno solo que me marcara un camino justo, verdadero... Soy de una época de estafadores... y todos, todos tuvieron que ver con la miseria del mundo (*Cae de rodillas al suelo.*) y de mis propios huesos. (*Queda hincado. La luz se esfuma del todo. El cenital sobre el* croto *disminuye lentamente, mientras levanta el fuelle de fondo*).

MONÓLOGO TERCERO

Amanece. TOMÁS *se incorpora sentándose sobre el banco que le sirviera de cama.*

(*Se despereza. Mira hacia todos lados. Dice muy ingenuamente.*) ¿En qué año vivimos? (*Pausa. Pregunta con interés.*) ¿Ya no hay más prostitución en el mundo? ¿Tiraron a la mierda los armamentos nucleares? ¿Morfan los chicos? (*Pausa.*) No hay respuesta... ¡Joder! ¡Yo no hago nada, pero parece que los otros tampoco! (*Contento con su pregunta.*) ¿Hoy amaneció para dar libertad al mundo o para tenernos agarrados de las bolas?

(*Se rasca su mugrosa cabeza.*) Hoy, Tomasito se va a pasar el día hablando de amor... Hoy, siento que me revientan las ganas de contar cosas... (*Notable transición.*) Primero, me voy a lavar los dientes... (*Da la vuelta y se ubica detrás del banco. Utiliza el lugar como si fuera un baño. Se higieniza a su manera y reaparece, recuperado.*)

¡Es hora de un buen desayuno! (*Busca la botella.*) Un matecito de vino viene bien... (*Se sienta cerca del público. Su palabra, lentamente, hará soñar.*)

(*Puede incluirse fondo musical suave, ejecutado en chelo.*)

¿Qué es el amor? (*Resuelve.*) ¡Lo único que se hace y se vive con ganas! ¡De eso estoy seguro!

(*Saborea el vino.*) ¡El amor... es tan dulce como un Chianti! ¡Sé lo que digo! ¡Amé tanto como pude, y hasta me quedé seco de tanto amar!

(*Recuerda.*) ¡Tuve muchas minas! (*Sincero.*) De todas... sólo una fue, es... y será mi amor... (*Pausa larga.*) La conocí a los veinte. ¡Era tan hermosa! ¡Se piantó a los cuarenta! Eso tiene el amor para algunos... se esfuma como un sueño.

(*Apasionado.*) Yo lo quise atrapar, meterlo en mí, fundirlo en el acero del alma. (*Ríe.*) ¡Estúpido! ¡El amor es un cristal: se rompe al menor descuido! (*Se acongoja.*) Me descuidé... corrí detrás de otra... y me engañé.

Tiempos en que me creía un galán... ¡Pedazo de boludo! (*Confesándose.*) Lo único que tenía... ¡era guita!

El tiempo es cruel en el amor. (*Se ríe de sí mismo.*) Éstas son confidencias de un *croto*. No le interesan ni al cura. ¿Quién va a tener ganas de pegarse a mi vida y entenderme? ¡Tendrían que hundirse en la soledad y en la porquería!... porque fuera del charco... nadie puede pescar nada. (*Se calla.*)

(*Deja la botella, busca en sus bolsillos. Se enoja al no encontrar nada y, por último, saca una miserable colilla de cigarrillo; la mira, lo enciende*). ¡El último! (*Reflexiona.*) ¡No es fácil conseguir puchos! Natural... ¡Cada vez hay más buscas sueltos y más "señores" en la miseria! Si todo sigue así, por un pucho va a correr sangre.

(*Fuma. Sube tema de fondo.*) Anabella, mi única... era rubia y delgada: sonreía siempre... no dudaba jamás... y me cuidaba. Tenía la costumbre de prepararme la ropa para cada día, sobre la cama... para después del baño.

(*Sonríe.*) Porque yo me bañaba... (*No lo cree.*) ¡Qué loco! Me perfumaba... ¡Claro! Había aprendido 'lo mejor' desde muy chico. Tuve unos viejos bárbaros. ¡Buena gente! Me educaron en los mejores colegios. (*Orgulloso.*)

Soy un producto “refinado..., y Anabella estaba enamorada de mi *savoir faire*.

(*Suspira.*) Yo le llevaba más de diez años... y estaba bien la diferencia. La mujer se escracha antes, (*Filósofo barato.*) y es bueno tener al lado una mina que aguante el embate. (*Se incorpora.*) Aunque ya perdí todo, hasta la edad... (*Se enloquece y se da manija.*) ¡Los *crotos* no tenemos edad! ¡Sólo piojos! ¡Lo único que nos da placer es rascarnos! (*Decae y recuerda.*)

Anabella tenía piel de durazno. (*Hace los ademanes.*) Yo la besaba como a una diosa, y me estremecía y gozaba. (*Seguro.*) Nadie como ella supo enseñarme a amar.

Si algo logré en la vida... fue por amor... ¡Por Anabella! (*Comunicativo.*) Fui un pintor... un profesor de arte... Vendí mis buenos cuadros..., y algún platudo los debe tener colgados de las paredes de su casa, pensando qué carajo quiso decir el pintor, pero convencido de que por unos morlacos compró un pedazo de horizonte o de libertad. Ahora deben ser pasteles sin fuerza, gastados por el tiempo.

(*Se recupera.*) ¿O no? ¿Estarán aún vivos mis cuadros? ¿Los mirarán con interés? ¿Les pasarán un plumero? (*Se rasca. Implora.*)

¡Anabella, te amo! (*Se dirige derecho hacia el proscenio. Se confiesa. Infantil.*) No... ya no amo... Me quedé sin ganas... ¡Vacío! (*Se golpea el corazón.*) Aquí adentro, no pasa nada... siento la misma indiferencia que el mundo siente por mí... Anabella quedó atrás, en el recuerdo.

(*Levanta fondo musical, mientras el personaje da la espalda al público.*)

MONÓLOGO CUARTO

Se escucha la sirena de un auto policial que se acerca.

(TOMÁS *se asusta.*) ¡La cana!

(*Se apura y se esconde detrás del banco; no se lo ve. Al alejarse el sonido de la sirena, asoma el rostro, desorbitado.*) ¡Soy un parásito! Me tiene podrido la *persecuta.* (*Salta sobre el banco.*) Finalmente... ¿por qué no encanan a los otros parásitos? ¿A los que chupan sangre y cagan a todos? ¿No los encuentran? Pero... ¿cómo? Si están bien a la vista, (*Explica con entusiasmo.*) ¡Claro! Lo que pasa es que ellos no tienen mi pinta. Andan con vaselina, no hacen ruido, no largan mal olor, no afanan un cacho de pan, ¿no? Esos morfan tupido y chapan lindo... tienen guante blanco.

¡Yo los conozco! Pero la cana ¡no! Para meterlo en galera a uno lo tienen que rastrear por años, y yo los pesco enseguida, porque les estoy apuntando. (*Loco.*) Por ejemplo, al de la esquina, al que les mete los porros a los pibes, o al corta bofe que se la agarra con el muerto de hambre y le encaja el peor cacho de carne; al hijo de puta del banco que da créditos hasta clavar la miseria en el lomo; o al diputado ése que es como otros, y los que te cantan el verso de la igualdad y la torta bien repartida y se la "mangullan" solos... ¡Solos!

(*Con desprestigio.*) Los veo con autos último modelo... huelo a las minas de perfume importado...

(*Grita.*) ¡Los parásitos están! ¡No soy yo solo! Finalmente, yo... ya no importo, me quedé en la nada. Eso bien que lo logró esta sociedad nuestra. Y que nadie se haga el *gilún*, que a más de cuatro les puede llegar la *excomúnica*.

(*Se desparrama en el suelo.*) Ahora, tengo los años pesándome como garrotes, y me llené de callos caminando por una vida más justa.

(*Explica.*) ¡También fui un idealista! (*Sonríe.*) ¡Claro! A la juventud le sobra coraje para vivir.

Quise una vida mejor, pero para todos, no sólo para mí. Me junté con los anarcos, porque entendí que cada uno tenía que cambiar; la revolución desde uno... desde adentro para afuera... ¡Y cambié! ¡Puta si cambie! Me comí la naturaleza, creí en el hombre, no me interesaban las fronteras, la patria era solamente una palabra. Quería un mundo feliz. El universo en armonía, pero… ¿en qué me equivoqué? ¿En qué? Eso sí me preocupa... ¿En qué? ¿Seré el único equivocado? (*Decidido.*) ¡No! ¡Yo estoy seguro de que la podredumbre está, y hay que arrancarla de la gente, de la calle, de mi alma! (*Tiene un atisbo de sabiduría.*) y hay... salidas... muchas, o quizá una sola... ¡Una! ¡La perfecta!

(*Tamborilea los dedos sobre la cara. Se arrebata.*) La tuve en la palma dc la mano y la dejé escapar como una golondrina herida. Debí haber tenido... (*Profundo.*) un hijo... ¡Un hijo de Anabella! Y lo maté, la maté, me mate, porque no quise; tuve el podrido miedo de traer a alguien más a este mundo. (*Se confiesa.*) No me di cuenta de que en esa vida nueva podía existir la única salida, el único milagro capaz de dar luz, aire, y... esperanza..., (*Se acongoja y llorisquea.*) y amor limpio... paz... ganas... y aliento.

(*Se da cuenta.*) Perdí la gran oportunidad, la gran revolución, el gran socialismo de la vida: tener un hijo y hacerlo libre. ¡Libre! Estoy seguro de que no hubiera llegado nunca a ser el hijo de un *croto*. (*Pausa. Se replantea.*) ¿O sí? ¿Acaso a esta altura, él, libre, estaría orgulloso de que su padre fuese un *croto* libre? (*Acota. Seguro*) Porque yo soy libre ¡Libre! (*Se escucha nuevamente la sirena policial que se acerca.*) ¡Hasta que no me agarre la puta cana!

(*Se aleja la sirena, y vuelve a escucharse el fuelle del comienzo de la obra.*)

MONÓLOGO QUINTO

(TOMÁS *busca entre sus cacharros algo para prender un fueguito.*)¡Hace frío! (*Pone a calentar un recipiente miserable.*)

¡Vamos a chupar un buen mate! La yerba está bien seca y roñosa. ¡Va a tener buen gusto! La gente no sabe que cuanto más viejo es el morfi, más rico es. Salvo la banana. La banana negra es asquerosa. Yacumina, la que vive debajo del puente, tiene buen corazón. Me pasó un poco de pizza algo masticada, pero buena, pero... la banana ¡no! (*Se enoja.*) Se lo voy a decir. Si me quiera traer algo, que me traiga, ¡pero que no me encaje bananas podridas!

(*Se sienta, comienza a matear y termina de comer un pedazo de pizza.*) ¡Pensar que yo comía en los mejores boliches!

(*Irónico.*) ¿Mejores? Sí, tenía guita. ¡Morlacos! Me llegaron a pagar muy bien mis laburos; alcancé fama y nombre. ¡Los *marchand* me valoraban! Hasta que el pincel se pudrió en la mano y mi cabeza no largó una sola imagen más. (*Abre sus brazos como siempre.*) ¿Por qué? (*Reflexiona y asegura.*) No, no seas boludo, Tomás... (*Se habla a sí mismo.*). Sabés muy bien por qué se te cortaron las ideas, como si te hubieran pasado la aspiradora. ¡Te chuparon, Tomás! (*Reflexiona.*) ¡Las cosas que viste te chuparon! Porque vos no quisiste que el hambre se metiera en tantas casas. Vos no quisiste que la gente tuviera cara de culo. Vos soñaste con la flor y con las ganas.

Quisiste que el campo germinara, que el trigo llegara a cada mesa y que el pan ganara la batalla. ¡Socialista barato, me quedé en la botella! Me ganó el *chupi*.

(*Desganado, cae de rodillas.)* ¡Pobre Cristo! ¡Sos un animal! Casi menos, porque no le interesás a nadie. ¡Un perro tiene mejor suerte! Siempre hay alguien que le tira un hueso. Pero a mí... ni hueso ni perros que me sigan. Los podridos saben que no tengo ni restos para darles. ¡Se acabó la soga, me quedé sin sobras! (*Se anima.*) No es para tanto, *croto*. ¡Tenés piojos, no te olvides! (*Se rasca.*) ¡De los de ley... de ésos que no aflojan! (*Ríe.*) ¡La bragueta! ¿Para qué hay que tener cerrada la bragueta, digo yo?

(*Cambia la luz, atardece.*) ¿Qué hora es? Y... ¿qué me importa? A mí lo único que me interesa es que raje el sol, pero que me haya dejado los huesos calientes, porque fríos duelen como la puta que los parió, (*Se encoge.*) y tengo puntadas que van y vienen por el esqueleto. (*Ríe.*) ¿Qué tal si le caigo al médico de guardia? Seguro que me deja en un rincón hasta que me bañen con caroína. ¡Y está bien! Por lo que le pagan al pobre... ¿va a tocar a un roñoso? ¡No! Los *crotos* nos curamos solos. (*Busca papeles de diario y se los pone debajo de la camiseta.*) ¡No hay como calentarse con las boludeces que publican los diarios! (*Se reconforta.*) ¡Así está bien! (*Lee un trozo de diario.*) ¡Mirá que linda noticia! ¡Otra vez dicen que le van a dar tierra al que la trabaje! ¡Esto ya se lo contaba mi tatarabuelo a su mujer! (*Se pone serio.*) ¡No! ¡Diarios no! ¡Que la historia se cuente de boca a boca, así se agranda y se deforma como realmente es! La historia la escribimos todos. ¡Qué novedad! Pero las mejores chivadas son del gremio... (*Ríe.*) de los *crotos*. La crónica se guardó muy bien de decirlo. (*Ríe.*) ¡Si yo me pusiera a dar nombres! ¡Dejalo ahí, Tomás! ¿A quién le importa lo que a vos te importa? (*Se escucha un relámpago a lo lejos, y el ambiente se ensombrece.*) ¡Lo único que me faltaba! ¡Que llueva! (*Corre hacia sus bolsas. Grita como un loco hacia el cielo.*) ¡No me amenaces, Manolo! (*Arma con habilidad un refugio de cartón sobre el banco. Se mete adentro. Todo es grotesco. Está excitado. Se escucha un trueno. Desafiante, se dirige al cielo.*) ¡Andá a cantarle a Gardel, ahora!

MONÓLOGO SEXTO

(*Se escuchan compases de un tango llorón.* TOMÁS *recibe un foco de luz que pinta un ambiente de calma. El* croto *saca un pie hacia el costado del banco para darse cuenta si llueve.*)

¡Ni una gota! (*Al cielo.*) Así me gusta. ¡Ay, Anabella! ¿Te acordás cuando te hacía el amor al aire libre? ¡No nos importaban el sol, el viento, el agua; sólo ese cacho de tierra, donde acabarnos una y mil veces! (*Pausa. Reacciona de golpe.*) ¡A guardar el techo! ¡Pasó la emergencia! No va a llover, ni va a hacer frío. (*Mira a lo alto.*) La luna quiere lola esta noche... ¡Y está bien! Más de uno dirá: "Te amo", y alguien responderá "hasta el fin de la vida".

(*Abandona todo y se dirige al proscenio.*) Pero... ¿qué es la vida? ¿Esa cosa pegajosa que da miedo, que somete? ¿O la libertad toda junta, sin que nadie, ni aun por amor, nos ate? Yo encontré la vida muchas veces, y otras la perdí... porque eso tiene, la muy desgraciada, nos hace creer que vivimos, y estamos más muertos que los muertos... (*Se regocija.*) Pero ¡no! ¡Yo estoy más nacido que nunca! Tengo en mis manos todas las oportunidades, porque elegí... Aunque a otros les joda, yo elegí... estar conmigo, con el que va adentro, con el *croto*, y estamos en paz. Estoy seguro de que el de "adentro" vive mejor que el de "afuera". Al "metido" lo cuido, lo escucho, y a esta carcaza, en cambio, parece que la quisiera reventar. (*Ríe.*) Y más de un boludo se acerca y me tira unos mangos cuando me ve así como soy o como estoy.

Siempre hay alguien que revienta con consejos: "¿Necesita algo, buen hombre? "Que te vayas, imbécil", les digo con el alma, porque de la gola no me sale nada. Ellos me miran con lástima... y yo a ellos. (*Se anima.*) Porque si dijeran la verdad, gritarían: "Andate de aquí, mugriento". "No quiero que te vean mis hijos, roñoso".

Y si me planto con mis pulgas en la entrada de un hotel, ¡me rajan tan rápido! O llaman a la cana... y ¡vuelta a empezar! La caroína, el baño, la calle... ¡siempre la calle! (*Transición. Conforme*) ¡El mejor bulín que encontré es este banco! ¡Parece que lo hubiera comprado! La gente me respeta. ¡No viene nadie a ponerle el culo encima! ¡Salvo Giacumina! (*Ríe.*) Giacumina, cuando anda con *ragú*, viene a pecharme alguna chupeteada de vino... o a traerme alguna porquería para comer, de ésas que tiran al tacho de basura las fondas del barrio.

¡Qué ganas de joder, Giacumina! Camina más de cuarenta cuadras para conseguir el *morfi.* ¡Tiene un solo diente y lo usa sin parar! (*Ríe.*) Hace las cuarenta. Dice que alguna vez se lo recomendó el tordo, (*Se señala el corazón.*) para éste, que de "bobo" no tiene nada. El que tiene todo es éste, (*Se señala la cabeza.*) el bocho, el ratón mayor, el cacha giles. Yo, por éste, anduve por todos lados, pero el lugar más divertido fue el asilo. ¡Cómo nos divertíamos! Había una manga de piantados y sinvergüenzas... ¿Pero afuera de esas cuatro paredes, quiénes estaban? Los que nos mataban de hambre. Los de adentro, pobres locos, soñábamos y soñamos todavía. Porque no hay ni una noche, ni un día que ésta (*Se señala la cabeza.*) o este cacha giles no anden removiendo las ilusiones perdidas (*Se pregunta con su habitual gesto de brazos abiertos.*) ¿Perdidas? ¿Las ilusiones están perdidas?

(*Sube la melancolía de un tango dulzón, y el* croto *recibe la luz en cenital, que se traduce en foco a su rostro anhelante. Define. Categórico.*) ¡No! ¡Mis ilusiones no están perdidas! ¡Sólo que mis sueños han sido y son tan *crotos* como yo!

MONÓLOGO SÉPTIMO

(*Sincero.*) ¡Un *croto* nunca duerme! ¡Siempre sueña! Si cierra los ojos no es por perderse en el sopor, es por encontrarse con alguien que, de verdad, sepa cuál es la diferencia entre antes y ahora.

Una diferencia hecha de poesía y también de mierda.

Yo fui bajando, siempre bajando una extraña escalera en la que nunca encontré el último peldaño, porque siempre había otro y otro más hacia la nada.

Porque este "Pobre Cristo" que soy yo... no está completo. Le falta aún ser más, ¡mejor! (*Filósofo*) ¿Dónde comienza el deseo del ser? ¿Arriba o abajo? (*Amplitud de luz. Se rompe la escena.*) (TOMÁS *se rasca todo.*) ¡Me están atacando de nuevo! ¡Malditas! (*Se pelea con las pulgas.*) ¡Todavía que las alimento me muerden! Pequeñas y asquerosas, no les alcanza con picarme todo el día (*Ríe.*) ¡Pulgas del diablo! ¿Quién las adiestró para llenarme de ronchas y de sangre? (*Súbitamente.*) ¡Mi sangre! ¡La sangre que quedó en mí para las pulgas! (*Cambia. Fuerte transición. Busca entre sus paquetes.*) ¿Tendré un cacho de pan? (*Contentísimo.*) ¡Mierda, una manzana! ¡Te pasaste, Giacumina!... ¡Medio podrida! Y... ¡bueno, Tomas! ¡Bancátela! Por lo menos es una manzana como vos... ¡podrida! (*Come y canturrea. Se determina.*) Ahora, si las cosas siguen tan mal para los *crotos*... ya que nadie tira nada en la "yeca", que para encontrar un mango vamos a tener que ir a llorar al campo santo, me rajo del país. Ya no tenemos más lugar nosotros. ¡Hay demasiados *crotos* sueltos! No es por hablar bien de uno, pero yo llevo hecha mi carrera, y aparecen los "nuevos", los "cacatúas", "los nenes de papá", que se deciden por la gran vida y ¡zas! Nos cagan a los veteranos. Yo... ya no chapo ni un *lompa*. ¡Qué poca caridad, hermano! Ahora la ropa usada no se regala, se vende. ¡Mama mía, qué malaria!

La última vez que vi regalar algo, fue en la puerta de la Iglesia de Flores. Ahí siempre estamos unos cuantos de la cofradía. Ese día cayó un mugriento y ligó un taparabo bastante *posta*..., y este "Pobre Cristo" recién llegado protestaba porque no le gustaba el color. Giacumina y yo casi nos caemos de culo..., y el boludo repetía: "Este color no me cae" (*Se alarma.*) ¡Uyy, mama mía! Éstos son los de la nueva camada. (*Decide.*) ¡No! Yo dentro de poco me voy del país... no puedo competir con la pendejada. ¡No! No es que mire a los otros... ¡Qué carajo me importa! Lo que pasa es que nos están dejando sin rebusque, ¡y eso no es justo! (*Vuelve a su gesto de los brazos abiertos.*) El centro está lleno de *crotos*, y los barrios... ¡bueno! Ya son un carnaval. (*Decido.*) ¡No! Yo me rajo. Mejor agarro "el mono" y enchufo para el lado del camino. Cualquiera, ¡todos son buenos! El asunto es cambiar. ¡Escribir la propia novela, ñato!

(*La luz lo invita.*) ¡Claro! (*Acierta a comprender.*) El camino está en uno... ¡Es la luz! ¡La esperanza! (*Se mete debajo del foco.*) Y uno se mete a andar y descubre todo: el abrojo y la flor... el horizonte... ¡y la alegría! (*Se entusiasma.*) ¡Porque hay que buscar la alegría! Hasta los *crotos* tenemos derecho a perseguirla... y ¡gozarla!

(*Se preocupa.*) ¿Quién nos metió en el balero que hay que apretarse contra las rejas? ¿Quién nos encajó el miedo?

¿Por qué nos jodieron tanto? (*Pausa.*) ¿Dónde está el que nos cagó con el miedo?

(*Pausa. Tema en chelo suave, profundo. Es un intento por renacer.* TÓMAS *gira sobre sí mismo, embelesado por lo que piensa, hasta que se detiene y confiesa.*)

Yo soy mi ladrón y mi maestro... mi luz y mi sombra... Y... quizá, pueda comenzar de nuevo. Aun con lo *croto* que soy.

MONÓLOGO OCTAVO

(*Confesional.*) Yo... era tan distinto. No tenía este balazo fijo en el pecho ni esta barba. (*Se arranca la barba y limpia su rostro con un pañuelo.*) Iba con la cara limpia. (*Se endereza.*) ¡El cuerpo erguido! No usaba esta porquería. (*Se quita los pantalones y se queda con otro realmente fino.*) Solía lucir camisa de seda. (*Al sacarse los trapos que lo cubren, aparecen prendas de calidad que lo transforman. Se descalza. Debajo de las mugrosas medias viste otras muy finas. Busca en uno de sus bolsos un par de zapatos negros relucientes y nuevos. Se los pone. Se siente reconfortado. Se pasa los dedos de la mano como un peine por el pelo; su aspecto cambia notablemente.*) Vamos, POBRE CRISTO. ¡Andá, salí! ¡Planchate un poco! (*Saca entre sus paquetes un chaleco y saco nuevos; se los pone. Giro de luces en escena.*)

(TOMÁS *retoma su andar de "señor".)* Así era yo hace veinte abriles…

Entonces, decía cosas como éstas:

(*Se dirige a los trastos tirados.*) ¿Quién habrá andado por aquí? La gente ya no cuida los paseos públicos. ¿No existe una ley, un edicto, o ¡qué sé yo!, que saque a los vagabundos de las plazas? ¡Que los escondan, por Dios!

(*Se ríe de sí mismo.*) ¿Y cuando hablaba de sensibilidad? Aquello sí que era magistral... (*Recuerda.*) La gente se le pega a uno y uno a la gente, como si fuese necesario caminar de a dos, de a cuatro, de a veinte... ¡Si Anabella entendiera esto, me dejaría libre, y me tendría más atado que nunca!

Es cuestión de... sensibilidad. Basta que uno le diga a su pareja que la quiere, para que todo se detenga. Y no debe ser así. La vida sin libertad no es nada. Todo es cuestión de quedarse o de irse, siempre que el corazón lo mande. (*Sonríe.*) En el mundo, cinco millones de corazones deberían escribir su propio destino. ¡La vida está intacta y es maravillosamente rica!

(*Toma aire. Se agranda.*)

(*Sincero.*) Hoy puedo reconocer que fui un vividor, un truhán, un mentiroso, por aquel verso tan mío de... "quiero entregarme a la totalidad de la vida, para dar y dar lo que reciba".

De hábil retratista pasé a incorporarme al paisaje. Hoy tengo en mi cabeza y en mi alma las dos puntas del camino.

Conozco al "señor" y al *croto*. Y de los dos... prefiero a uno nuevo. "Al Pobre Cristo" de nuestros días. Al más desposeído y abandonado. (*Conforme.*) Es una figura renovada en el tiempo y apaleada por siglos. (*Comienza a quitarse la ropa elegante y va quedando desnudo. La luz lo acompaña vistiéndolo en tenues azules. Vuelve el fuelle del comienzo muy suave.* TOMÁS *está muy poético.*) Está linda la tarde, hay olor puro a rosas que no se compara... Bienaventurados los que podemos gozar del espacio y su belleza.

(TOMÁS *está en el medio del escenario, de perfil, desnudo. A lo lejos, vuelve a escucharse la sirena policial. Está poseído por sus pensamientos. Levanta los brazos al cielo.*) ¡Vivir: la más grande de todas las oportunidades!

(*La sirena se aproxima.*) La cana otra vez… (*Grita.*) Si me buscan... ¡aquí estoy!

(*La sirena se aleja.*) Soy la más paciente obra de la naturaleza sobre la tierra: ¡Un Pobre Cristo! ¡¡¡Solamente un Pobre Cristo!!!

(*Queda el personaje desnudo, como una estatua iluminada en tono azul. Cierra la música del comienzo.*)

Datos de la autora

Queridos lectores:

No sé bien cómo me alcanzó el tiempo, pero debo reconocer haber hecho todo esto.

Nací en Buenos Aires, Argentina, en 1938, y hace cincuenta años que cuento historias. Egresé en 1961 del ISER (Instituto Superior de Enseñanza Radiofónica), como intérprete de radio y televisión, y continué con la carrera de guionista.

Mis maestros en literatura dramática fueron: Juan Arias Balloffet, Miguel Gastiarena y Syria Poletti; en actuación: Hedy Crilla, Emilio Satanovsky, Adelaida Castagnino y Osvaldo Fessler.

Me inicié como actriz en el elenco del teatro "Los Independientes", dirigido por Onofre Lovero (1957/1959).

Ingresé por concurso al elenco *Las dos carátulas*, de Radio Nacional (1962/1983). Premio APTRA 1968.

Como actriz, mi voz está registrada en películas nacionales e internacionales. Mis directores fueron, entre otros, García Ferré y Adolfo Duncan (1970/1985).

En teatro, actué en mis obras: *Los cuentos del Tim tan*, *La Percha*, *Rumbo al Sur*, *Gracias Alfonsina*, entre otras.

Para televisión escribí los unitarios: *El triunfo de la Corbeta Uruguay*, *Combate naval de Montevideo*, *El héroe de la Antártida, José María Sobral.*

En radioteatro: *Muchacha de Panambí*, *El vendedor de manzanas*, *Errores compartidos*. Realicé las siguientes adaptaciones: *David Copperfield*, de Charles Dickens y *Tom Sawyer*, de Mark Twain.

Otros títulos en radio: *Otoño de las hermanas Dyllon*, *La patria en el mar*, *Musicuentos para niños*, *Aquí, ternura*, *Los cuentos del Miau Miau*, *Doña Fina Proverbio*, *La Pepa*.

Recibí el premio Estímulo del Fondo Nacional de las Artes, 1965, y el de Argentores, Sociedad General de Autores de la Argentina, 1966. La Medalla de Oro en el Festival de Teatro para Niños de Necochea, en 1967, por *Los cuentos del Tim Tan*. Mejor novela radiofónica, *Dos en la intimidad*, en 1972, y el Galardón Susini, en 2008.

Dicté Oratoria y Libretos y guiones en el ISER (Instituto Superior de Enseñanza Radiofónica), en Buenos Aires, y en ETER (Escuela Terciaria de Estudios Radiofónicos), en Mar del Plata (2005/2007). Técnicas de expresión oral, en SINAPA (Sistema Nacional de Profesión Administrativa), en FUNDESI (Fundación de Estudios Superiores e Investigación), en la Facultad de Derecho de Buenos Aires (UBA) y en la Comisión Nacional de Comercio Exterior.

Desde 1986 hasta 1991 fui redactora en la Secretaría de Turismo de la Nación; coordinadora de prensa del ex Ministerio de Salud y Acción Social de la

Nación; locutora de actos oficiales y autora de programas institucionales en radio.

Ejercí como Delegada Cultural de Argentores en Mar del Plata (2002/2008). Impartí cursos de formación autoral y coordiné el ciclo *El café de los autores.*

Jurado del Premio Estrella de Mar en 2008 y 2009.

Actualmente me desempeño como vocal del Consejo Profesional de Radio, miembro de Junta Directiva de Argentores.

Por otra parte, andan diciendo por ahí que cocino bastante rico. También es cierto.

Inés Mariscal

www.ingramcontent.com/pod-product-compliance
Ingram Content Group UK Ltd.
Pitfield, Milton Keynes, MK11 3LW, UK
UKHW022021190726
13853UKWH00005B/2037

9 789879 332931